Introdução à
VIDA
espiritual

Tradução
Ellen Maria Martins de Vasconcellos

Introdução à VIDA espiritual

Um coração em sintonia com Cristo

Michel Esparza

 QUADRANTE

Título original
Sintonía con Cristo

Copyright© Ediciones Rialp, S.A. Madrid, 2017

Capa & diagramação
Gabriela Haeitmann

Dados Internacionais de Catalogação na Publicação (CIP)

Esparza, Michel
    Introdução à vida espiritual: um coração em sintonia com Cristo / Michel Esparza. – São Paulo: Quadrante Editora, 2022.

Título original:
ISBN 978-85-54991-96-8

1. Deus (Cristianismo) 2. Vida espiritual
I. Título.

CDD– 248.32

Índices para catálogo sistemático:

1. Vida espiritual   248.32

Cibele Maria Dias – Bibliotecária – CRB-8/9427

Todos os direitos reservados a
QUADRANTE EDITORA
Rua Bernardo da Veiga, 47 - Tel.: 3873-2270
CEP 01252-020 - São Paulo - SP
www.quadrante.com.br / atendimento@quadrante.com.br

SUMÁRIO

INTRODUÇÃO 7

PRIMEIRA PARTE: CONHECER A CRISTO

A AMIZADE COM CRISTO E SEU CONTEXTO 15
   Em direção ao divino, através do humano 15
   Vantagens da Encarnação 19
   Da trindade da terra à Trindade do céu 21
   Contemplar ampliando o desejo 26

FILHO DE DEUS E DE MARIA 33
   Com a cabeça e o coração 33
   Verdadeiro Deus 36
   Uma Pessoa e duas naturezas 40
   Coração de carne como o nosso 44

O HOMEM PERFEITO NO EVANGELHO 49
   A personalidade de Cristo 49
   Grande capacidade afetiva 50
   Coração misericordioso 54

O CONHECIMENTO FEITO VIDA: A ORAÇÃO 59
   A alma da vida cristã 59
   Frutos da oração 61
   Oração e caridade 64
   Tratar a Cristo como homem 67
   Oração e contemplação 70
   Contemplar imaginando o Céu 76

SEGUNDA PARTE: CORREDIMIR COM CRISTO

UMA DÍVIDA DE GRATIDÃO 85
   Por que complicar a vida?   85
   Agradecer o amor   88
   Gratidão pela Igreja e por Maria   90

CRIAÇÃO, PECADO E REDENÇÃO 95
   Essa incômoda liberdade responsável   95
   O plano criador e a dor de Deus   100
   O primeiro pecado e suas consequências   107

A DEVOÇÃO AO SAGRADO CORAÇÃO DE JESUS 113
   A piedade católica   113
   Santa Margarida Maria de Alacoque   115
   Revisão histórica   117
   O Imaculado Coração de Maria   122
   Horizonte de esperança   125

A COMPAIXÃO PELO CORAÇÃO DOLORIDO DE CRISTO ... 129
   Uma realidade pouco conhecida   129
   O sentido cristão do sofrimento   133
   É urgente corredimir com Cristo   138
   Tudo a partir e para a Santa Missa   144

INTRODUÇÃO

O descobrimento de que «Jesus estará em agonia até o fim do mundo», como dizia Pascal, pode marcar um antes e um depois na orientação de nossa vida espiritual. A esta descoberta tão assombrosa, capaz de provocar uma reviravolta na vivência cristã, se pode chegar refletindo sobre a verdade revelada por Deus e no trato assíduo com a Humanidade Santíssima do Cristo ressuscitado. É uma pena constatar, no entanto, que muitos cristãos esquecem, descuidam ou desconhecem esta realidade que tanto ajuda a dar pleno sentido à relação com Deus.

Conto uma anedota para dar um exemplo. Há alguns anos, durante certo verão, um sacerdote amigo teve de substituir outro nos cuidados espirituais de um bom número de católicos exemplares, cristãos que ele não conhecia antes. Talvez por este motivo, decidiu formular a cada um deles a mesma pergunta: «O que você faz quando, sem que procure, se depara com um contratempo, com uma dor ou com uma contradição? Ou se, por iniciativa própria, faz sacrifícios ou procura estratégias de mortificação, por que o faz?». Invariavelmente, todos responderam que o ofereciam a Deus. Fazendo o papel de advogado do diabo, meu intrépido amigo continuava o interrogatório: «E o que você ganha com isso?». Quase todos lhe responderam que o ofereciam a Deus por alguma intenção concreta, isto é, para que Ele os ajudasse. Muitos disseram que esperavam que isso ajudasse a um filho que lhes causava preocupações. Outros afirmaram que eram movidos pelo desejo de obter a cura física ou espiritual de um amigo ou parente. Também houve quem argumentasse que assim se sentiam pessoas melhores. Um outro disse: «Espero que, no Reino dos céus, o Senhor me retribua». «E o que mais você ganha com isso?», insistia o sacerdote com suas perguntas, até que não soubessem mais o que dizer.

As respostas a essa simples entrevista não me surpreendem. Confirmam que o que menos se perguntam aqueles que oferecem penitências ou orações ao Senhor é como o Senhor *se sentiria*: não se colocam *em seu lugar* para saber em que medida nossa atitude, segundo nosso modo humano de falar, O alegraria ou consolaria. E essa falta de empatia, infelizmente, é muito comum. Depois do *eu o ofereço ao Senhor*, sempre há na sequência um *por*. Quer dizer, oferecem algo ao Senhor, mas com a intenção concreta de ter algo em troca. Sem má vontade, tratam a Jesus Cristo qual um simples intermediário, qual um *moço de recados*, como quem entra em uma agência bancária e pede ao funcionário que faça um depósito na conta de alguém de quem gostam ou que deve se beneficiar.

Lamentavelmente, o que motiva de fato a maior parte dos cristãos não é tanto o amor a Cristo, mas a conveniência e/ou o amor a outras pessoas. É certo que a Deus essa conduta não desagrada de todo, uma vez que é tão bondoso. Sem dúvida, Ele aprecia que lhe peçamos ajuda e que nos mova o desejo de ajudar os outros. Além disso, Ele conhece a ignorância, tantas vezes invencível, que pulsa por trás desse modo de proceder e sabe que a maioria dos cristãos não sintoniza seu coração com o dele, pois desconhecem que este siga tão dolorido – muito embora seja grato também.

Contudo, também é possível que essa falta de sintonia com as *dores* e as *alegrias* do Coração de Cristo seja para Ele motivo de tristeza, sobretudo quando se deve à inadvertência. Qualquer cristão assíduo à oração intui o tanto que afeta ao Senhor o modo como empregamos a liberdade, mais ainda se está familiarizado com a vida dos santos. Isto posto, a história da devoção ao Sagrado Coração, à qual dedico uma parte importante deste livro, dá-nos uma ajuda muito valiosa. Convém colocar no papel esta realidade que a maioria dos católicos exemplares esquece com frequência. É preciso dar ênfase à urgência de *consolar* a Quem, por ser o que mais ama, é o que mais *sofre*. Meu empenho não é outro senão mostrar até que ponto é importante conhecer os *gozos* e os *pesares* que experimenta o Coração de Jesus. Se nos detivermos em quanto lhe doem os pecados, não será difícil decidir e transformar nossa vida em oportunidade de aliviar essas dores com o que consola Deus Pai e nos obtém a graça do Espírito Santo.

Mesmo que a finalidade deste livro seja fomentar o afã de reparação, situei essa meta num contexto muito mais amplo da vida espiritual do cristão. Tenho em conta que a sintonia afetiva com a Humanidade Santíssima de Cristo é um aspecto imprescindível da vida de oração, mas não seu destino final. A sintonia afetiva é, na verdade, uma estação intermediária no caminho até os cumes de intimidade com o Pai, o Filho e o Espírito Santo.

Este livro não se destina apenas aos cristãos que desejam aprender a amar mais a Deus, como também àqueles leitores menos familiarizados com a doutrina católica, mas que, de peito aberto, desejam se aproximar dos grandes tesouros que contém a vivência cristã. Infelizmente, nos tempos atuais, ao menos no Ocidente, a formação religiosa de muitos anda insuficiente. Para remediar essa carência e para que este texto resulte familiar a um número mais amplo de leitores, preferi não dar nenhum conhecimento como certo e abordar alguns caminhos com um tom inevitavelmente mais didático, trazendo questões doutrinais e verdades de fé que ajudam a cimentar com maior solidez o caminho da piedade. É por isso que este livro se intitula *Introdução à vida espiritual*.

De todo modo, para assegurar o caráter de divulgação destas páginas, adotei uma linguagem simples, mais própria da pregação do que da ciência teológica. Esta linguagem que próxima, às vezes quase figurativa, está à serviço do objetivo principal que acompanha este livro: o de que um público amplo possa captar e até *tatear* a urgência de desagravar o Sagrado Coração de Jesus. Não esqueça o leitor, no entanto, que o mistério de Deus e de Cristo, tanto em sua perfeição quanto em sua proximidade, excede a limitada linguagem humana.

Espero que, nestas páginas, tanto o leitor já convencido quanto o que começa a espreitar a vida cristã encontrem um guia para fortificar uma intensa relação de amor com Jesus Cristo, que de sua Cruz nos convida a dedicar a nossa existência a colaborar com sua obra redentora. Com isso em mente, a primeira parte da obra destaca o amor e a amizade com Cristo, ao mesmo tempo que analisa os meios que mais nos ajudam a conhecê-Lo: os estudos das verdades reveladas, a leitura meditada do Evangelho e a oração mental. A partir daí, e tendo em conta que a identificação amorosa com Jesus Cristo não é a meta final de nossa caminhada espiritual, adentraremos no apaixonante mundo da vida contemplativa de união com Deus. A segunda parte centra-se na vertente operativa da sintonia afetiva com Cristo. No fim das contas, são dois os motivos que mais nos fazem *complicar* deliciosamente a nossa vida: a *gratidão* por seu amor transbordante e a *compaixão* pelo seu Coração dolorido. Como sói acontecer aos santos, nada estimulará tanto nossa generosidade na hora do sacrifício como o afã de aliviar os pesares do Sagrado Coração de Jesus.

Logroño, 7 de fevereiro de 2013

PRIMEIRA PARTE: CONHECER A CRISTO

A AMIZADE COM CRISTO E SEU CONTEXTO

Em direção ao divino, através do humano

É muito difícil ter uma ideia exata do número de estrelas no céu. Necessita-se de algo mais do que uma mera aptidão espacial e matemática para concluir que só em nossa galáxia há cerca de 100 milhões de estrelas e que, além dela, há outras 12 bilhões de galáxias. Tive de recorrer aos conhecimentos de um especialista em astronomia para que este se encarregasse destas cifras tão enormes. Como bom pedagogo, ele recorreu a uma comparação que simplificou muito as coisas: se cada estrela do universo tivesse o tamanho de uma bola de tênis, a superfície da terra não seria suficiente para comportar todas elas.

Algo parecido acontece com as inescrutáveis realidades divinas: Deus «habita em uma luz inacessível»[1] e Cristo é seu «sinal legível»[2]. Todo o divino, por ser incomensurável, nos resulta elevado demais: está sempre envolto em mistério. Por isso a Revelação se mostra às vezes tão necessária, e por isso deve ser sempre motivo de ação de graças. Consciente de nossa limitação, Deus decide nos falar de Si mesmo.

---
1 1 Tm 6, 16.
2 João Paulo II, *Dives in misericordia*, n. 3.

Como bom pedagogo, Ele nos coloca nos degraus intermediários. No Antigo Testamento, revelou-se por meio de metáforas humanas; pelo profeta Isaías, por exemplo, nos diz que nunca se esquece de nós: que nos ama mais que a melhor de nossas mães[3]. Com a Encarnação, foi muito mais longe: Ele mesmo se fez homem e nos revelou sua vida íntima. Como afirma São João, «a Deus ninguém o viu jamais; o Deus Primogênito, o que está no seio do Pai, ele mesmo se fez conhecer»[4]. Jesus Cristo é, efetivamente, a máxima revelação do Pai. Ensina-nos que Deus é Uno e Trino, que Nele se dá uma perfeita *unidade de natureza*, ao mesmo tempo que também se dá uma *Trindade de Pessoas*: o Pai, o Filho e o Espírito Santo. Refletindo sobre esses dados revelados, intuímos que atrás da unidade da Divindade se esconde uma inefável comunhão de amor entre as Pessoas divinas: uma plenitude de Vida diante da qual empalidece isto que chamamos vida.

A Revelação, ao mesmo tempo, não exclui a reflexão pessoal que nos leva a descobrir muitas das verdades que estão nela contidas. Com os argumentos da razão, podemos saber que Deus existe, por exemplo, bem como conhecer alguns de seus atributos. Basta considerar a maravilhosa ordem do universo para nos darmos conta de que só uma inteligência superior poderia tê-la planejado, do mesmo modo como não podemos imaginar o *software* de um computador sem alguém que o tenha programado: os átomos, assim como os *bytes*, são incapazes de se organizar a si mesmos, já que carecem de inteligência. A análise racional, junto a uma atitude honesta e aberta à realidade, confirma a suspeita da existência do divino.

---

3 Is 49, 15.
4 Jo 1, 18.

Há um ramo da filosofia – a Teodiceia, também chamada Teologia Natural – que se ocupa de tudo isso, partindo do princípio clássico de que «todo agente obra conforme seu modo de ser». Do mesmo modo como um artista deixa sua marca no que produz, também o universo nos fala de seu Criador. Comentando esta analogia, João Paulo II afirma que a natureza é como «outro livro sagrado», que com a Bíblia nos permite descobrir a beleza de Deus[5]. Com a religião, ajudamos a formular este tipo de comparação para entrar no conhecimento de Deus e fazer transbordar os mistérios revelados. No fim das contas, tudo o que é humano é, de alguma forma, um ponto de partida para nos aproximarmos do divino. Sabemos, ademais, que Deus nos criou «à sua imagem e semelhança»[6], como explica o primeiro livro do Antigo Testamento. Por isso, o raciocínio analógico nos permite formular afirmações verdadeiras sobre Deus sem esquecer, no entanto, a impossibilidade de compreendê-lo plenamente. Pode-se atribuir a Deus, por exemplo, tudo o que implica perfeição e exclui imperfeição. É algo assim como afirmar que dois homens têm dinheiro, mesmo que um só tenha um único real enquanto o outro tem bilhões. Desse modo também podemos dizer que Deus é bom sem cair em um conceito vazio de conteúdo, apesar de não podermos compreender plenamente sua bondade.

Estas palavras de Santo Agostinho resumem tudo: «O que amo quando amo a Deus? Não a beleza de um corpo nem a beleza do que se acaba, nem a brancura da luz, tão agradável a nossos olhos; não amo ao amá-lO as suaves melodias de distintas canções, nem a fragrância das flores,

---

[5] João Paulo II, Audiência de 30 de janeiro de 2002.
[6] Gn 1, 26-27.

nem perfumes, nem aromas; ao amá-lO, não amo comidas deliciosas e suculentas, nem atrativos corpos a serem abraçados. Nada disso amo quando amo a Deus. E, no entanto, ao amá-lO, amo certa luz, certa voz, uma fragrância e um alimento, e algo como um abraço quando amo a Deus, luz, voz, fragrância, alimento e abraço de meu homem interior, onde minha alma vê uma luz que não se apaga, onde ouve melodias infinitas, onde se expande a fragrância de perfumes que não dissipa o vento, onde se desfruta de um alimento que nunca sacia, onde o abraço é tão íntimo que nenhum cansaço o desenlaça. Isso é o que amo quando amo a Deus»[7].

Uma boa analogia vale mais que mil palavras. Imaginemos que buscamos os termos mais apropriados para explicar essa *comunidade de amor* que constitui a Santíssima Trindade. O que queremos dizer quando dizemos que o Pai e o Filho se unem por um *laço de amor* que é o Espírito Santo? Quando os que contemplaram a vida trinitária se esforçam para descrever a inefável beatitude divina, empregam palavras que nem sempre são fáceis de entender; costumam mencionar um *assombro* entre Um e Outro, de onde se deriva uma plenitude de gozo eternamente compartilhado. Por outro lado, aquele «abraço tão íntimo que nenhum cansaço o desenlaça» do texto de Santo Agostinho resulta muito mais próximo de todos e permite intuir algo do gozo que sentem as Pessoas divinas, ainda que seja apenas porque, por contraste, talvez nos leve a pensar em quanto tempo terá durado neste mundo o abraço mais longo entre um homem e uma mulher profundamente apaixonados.

---

7 Santo Agostinho, *Confissões*, livro X.

Vantagens da Encarnação

A lua é só reflexo do sol, mas, por ser menos brilhante, torna-se mais visível. Assim também, em Cristo, o inenarrável amor de Deus se torna mais *tangível*, de modo que torna mais fácil nossa correspondência com seu amor. Como explica o filósofo espanhol Garcia Morente a propósito de sua conversão, «a distância entre minha pobre humanidade e o Deus teórico da filosofia me resultou infranqueável, muito distante, muito alheio, muito abstrato, muito geométrico e não humano. Mas Cristo, o Deus feito homem, Cristo, sofrendo como eu, mais que eu, muitíssimo mais que eu, *a esse, sim, o entendo, e esse sim me entende"*[8].

Cristo, Deus e homem verdadeiro, nos quer com seu infinito amor divino e com seu apaixonado amor humano, uma vez que, Nele, há uma única Pessoa com duas naturezas. Ao amá-Lo como homem, estamos amando ao mesmo tempo Ele e Deus. Além do mais, ao assumir uma natureza humana como a nossa, é muito mais fácil para nós a empatia e/ou a identificação com os sentimentos de seu Coração. Não é difícil conversar com Jesus com total intimidade. Sem que Lhe faltemos com o respeito, podemos tratá-lo como nosso melhor amigo, com a maior liberdade e confiança, como de igual para igual.

É possível projetar ao plano sobrenatural o mesmo afeto que, no plano humano, desempenha um papel tão decisivo: é mais fácil amar apaixonadamente a quem guarda alguns sentimentos familiares a nós. No Natal, por exemplo, é fácil se comover ao contemplar a maravilha de um Deus

---

[8] M. Garcia Morente. *El "hecho extraordinario" y otros escritos*, Rialp, Madri, 1996.

onipotente que assume a forma imberbe, indefesa e inocente de um menino. Como afirma São Bernardo, «quanto menor se fez em sua humanidade, tanto maior se mostrou no amor que tem; e, quanto mais me desconcertou, mais digno é de meu amor»[9]. A Encarnação facilita o cumprimento do mandamento mais importante: amar ao Senhor com todas as nossas «forças»[10]. Podemos nos servir de todos os nossos recursos, tanto afetivos como espirituais, amando-O não só com a cabeça e com a vontade, mas também com a loucura de um coração apaixonado.

Nunca seremos suficientemente gratos à Encarnação, com a qual Cristo leva à plenitude a Revelação já entoada por Deus Pai no Antigo Testamento e que tanto facilita nossa correspondência a seu amor. Mas existe uma terceira razão para agradecermos: o Filho se encarna para nos redimir dos pecados. Ao fazer-se homem, Deus assume nossa pobre condição e nos torna partícipes de sua incomparável dignidade. «Maravilhoso intercâmbio que nos salva», reza a liturgia, «pois, ao revestir-se Seu Filho de nossa frágil condição, não só confere dignidade eterna à natureza humana, mas, por esta união admirável, nos faz a nós mesmos também eternos»[11].

---

[9] São Bernardo, *Sermão 1 na Epifania do Senhor*, 1-2: PL 143.
[10] Cf. Mc 12, 30; Mt 22, 37 e Lc 10, 27.
[11] Prefácio III do Natal.

Da trindade da terra à Trindade do céu

Cristo é o melhor caminho em direção ao Pai[12]. Ele nos ensina a viver como bons filhos de Deus e, na Cruz, nos restitui a grande dignidade para a qual fomos criados. Ser pai não é algo *novo* para Deus, que é pai do Verbo desde toda a eternidade. A razão última por que nos cria é oferecer-nos a possibilidade de ser *filhos no Filho*. Segundo João Paulo II, Deus «primeiro escolhe o homem, no Filho Eterno e Consubstancial, e só depois quer a Criação, quer o mundo»[13]. Essa *filiação divina* nos capacita a participar na vida trinitária. São João, ao considerar essa imensa dignidade, exclama: «Considerai com que amor nos amou o Pai, para que sejamos chamados filhos de Deus. E nós o somos de fato»[14]. As intenções divinas para nós são realmente assombrosas: Deus quer nos divinizar fazendo-nos «participantes da natureza divina»[15], capazes de conhecê-lO e de amá-lO eternamente como O conhece e O ama seu Filho Unigênito. Na origem, essa vida divina já está presente em nós desde o batismo, exceto se o rejeitarmos pelo pecado. Nunca meditaremos o suficiente sobre essa abençoada realidade. Convém fazê-lo assiduamente, pois, como recorda São Josemaria: «O homem tem uma capacidade tão estranha para esquecer as coisas mais maravilhosas e acostumar-se ao mistério!»[16].

---

12 Cf. Jo 14, 6.
13 João Paulo II, Discurso de 28 de maio de 1986, n. 4.
14 1 Jo 3, 1.
15 2 Pe 1, 4.
16 *É Cristo que passa*, n. 65.

De Nosso Senhor Jesus Cristo aprendemos que Deus é um Pai que deseja ardentemente que cada um de nós se torne um seu filho adotivo. Essa realidade configura toda a nossa vida espiritual. Imitar Jesus nos leva a agir como filhos de um Pai que nos ama com fervor. Sabemos que estamos cuidadosamente amparados como filhos pequenos do melhor dos pais. Saber que Ele vela por nós e que está sempre disposto a nos perdoar nos inunda de paz. A quem, desconhecendo, a bondade divina, trai a própria consciência, irrita-lhe saber que Deus o olha continuamente. Por outro lado, a quem se sabe filho de Deus, esse olhar o inunda de alegria e o ajuda a nunca sentir-se sozinho. Como afirma Bento XVI, «o homem cujo norte é o amor pode descobrir nesta presença que o rodeia por todas as partes um abrigo que clama todo o seu ser. Nela pode ver a superação da solidão, que ninguém pode eliminar de todo e que é, ainda assim, a contradição específica de um ser que pede gritando o Tu, o acompanhamento mútuo. E pode encontrar, nessa secreta presença, o fundamento da confiança que lhe permita viver»[17].

A consciência de que somos olhados amorosamente por Deus nos leva pouco a pouco a adquirir, ainda em meio aos mais diversos afãs cotidianos, uma autêntica vida contemplativa. A meta à qual somos chamados decerto é muito elevada, mas não inalcançável pelas mãos do melhor intermediário, que é Jesus Cristo. Com efeito, se a vida cristã se encaminha para um sentido profundo da *filiação divina*, convém que passe *pelo trato assíduo com a Humanidade Santíssima de Cristo*.

---

[17] Bento XVI, *Orar*, Planeta, Barcelona, 2008, p. 43.

Todos os santos asseguram que o melhor caminho para progredir na vida espiritual está no amor e na amizade com Jesus Cristo. «Para nos aproximarmos de Deus — relembra São Josemaria —, temos de enveredar pelo caminho certo, que é a Humanidade Santíssima de Cristo»[18]. Na Igreja, existem muitas e diversas espiritualidades, a depender do aspecto das verdades reveladas que se põe em destaque. Uns, os religiosos, dão testemunho da fugacidade do temporal[19], afastando-se em maior ou menor medida do mundo; outros, ao contrário, atendem ao chamado universal à santidade[20] em seus trabalhos cotidianos, esforçando-se por transformar qualquer realidade humana nobre em ocasião de amar a Cristo. Além disso, cada cristão tem suas legítimas preferências pessoais. Há, no entanto, elementos comuns a todos. «E vejo eu claramente — escreve Santa Teresa —, e vi depois que, para contentar a Deus e para Ele nos fazer grandes mercês, quer que seja pelas mãos desta Humanidade Sacratíssima, na qual Sua Majestade afirmou que Se deleita»[21]. No caminho próprio de cada um, afirma a santa espanhola, «não me intrometo». Mas insiste em que a todos convém passar por Cristo-Homem. Ela o afirma por experiência própria e corrobora com o exemplo de vários santos: São Paulo, São Francisco de Assis, Santo Antônio de Pádua, São Bernardo e Santa Catarina de Sena.

Cristo não é o único degrau intermediário que Deus colocou à nossa disposição para estar próximo de nós.

---

18 *Amigos de Deus*, 299. Citaremos com frequência essa homilia do Fundador do Opus Dei, pois a considero a melhor introdução à vida espiritual do cristão que vive no meio do mundo.
19 Cf. Mt 6, 19-20.
20 Cf. Mt 5, 48.
21 Santa Teresa de Jesus, *Vida*, capítulo 22, n. 6.

Depois do Coração de Jesus, o Coração de Maria é o mais fiel reflexo do Amor divino. Como nos ensina São Josemaria: «O princípio do caminho, que tem por fim a completa loucura por Jesus, é um confiado amor a Maria Santíssima»[22]. Ele mesmo no-la deu por Mãe. O batismo, ao nos configurar com Cristo[23], nos faz membros de sua família humana e divina. Como irmãos de Jesus, veneramos e amamos Maria e José. São amores que potencializam uns aos outros, já que cada um deles deseja que amemos os outros dois. Com o Santo Patriarca e com sua Esposa, podemos ter a mesma confiança que com nossos pais da terra. E, já que somos filhos de Maria, seus pais — São Joaquim e Santa Ana — são nossos avós. Além disso, em Cristo, somos também irmãos de todos os membros da Igreja, essa grande família humana e sobrenatural que reúne todos os filhos de Deus e Maria, quer estejam na terra, purificando-se no Purgatório ou gozando do Reino dos Céus. A vida cristã, levada às últimas consequências, é exigente como a vida de um soldado em tempos de guerra; porém, se desenvolve nesse ambiente amável e acolhedor próprio de uma família na qual se respira o aconchegante calor do lar.

Portanto, no itinerário da vida espiritual, vamos de menos a mais. Maria nos conduz a Jesus e, por meio dEle, chegamos à familiaridade com Deus-Pai. Por sua vez, esse sentido profundo da filiação divina é o prelúdio de uma autêntica vida contemplativa que nos faz adentrar a intimidade da Santíssima Trindade. Da trindade da terra passamos à Trindade dos Céus, estabelecendo no Deus Uno e Trino nossa morada permanente. O que o Senhor quer é que chegue um

---

[22] *Santo Rosário*, Prólogo.
[23] Cf. Gl 2, 19-20; Rm 6, 4 e Fl 2, 5.

momento em que nossos corações permaneçam nEle assim como os peixes dentro da água.

A participação nessa vida trinitária não é só nossa meta definitiva nos Céus. Já na terra, se somos fiéis ao compromisso batismal, o Espírito Santo passa a habitar em nossa alma e, com Ele, também as outras duas Pessoas divinas. Se o pecado não o bloqueia, estabelece-se então uma espécie de *cordão umbilical*, que nos une às entranhas de Deus. Quando se refere a essa maravilha, Jesus afirma o que acontece a quem crê: «Do seu interior manarão rios de água viva»[24]. Buscando explicar à samaritana em que consiste essa vida sobrenatural, Ele diz do cristão: «A água que eu lhe der virá a ser nele fonte de água, que jorrará até a vida eterna»[25]. Com essas palavras, revela-nos uma inefável realidade de união direta entre nossa alma e a *interioridade divina*. A nós nos invadem o pensamento as pessoas que amamos, ao passo que a união espiritual com Deus vai muito mais longe: Ele estabelece sua morada em quem se abre a Seu amor. «Se alguém me ama — disse na Última Ceia —, guardará a minha palavra e meu Pai o amará, e nós viremos a ele e nele faremos nossa morada»[26]. Pouco depois, declarou: «Permanecei em mim»[27], expressando assim seu desejo de que aprendamos a compartilhar sua intimidade estabelecendo nEle também — nEle, o nosso recanto. Esse pedido nos estimula a fechar os olhos com frequência para saborear a presença amorosa do Senhor.

---

[24] Jo 7, 38.
[25] Jo 4, 14.
[26] Jo 14, 24. Ver também 1 Cor 3, 16.
[27] Jo 15, 4.

Contemplar ampliando o desejo

A *vida de oração* do cristão também se chama *vida interior*. Posto que Deus habita em nossa alma e nos olha amorosamente a cada instante, é lógico que lhe abramos o nosso interior. Conscientes de sua contínua busca por nós, dirigimo-nos a Ele com toda a confiança em qualquer momento do dia. Do mesmo modo como, num passeio solitário, somos acometidos por todo tipo de pensamentos, na *presença de Deus* esses monólogos podem se transformar em diálogos. Para que uma tal sintonia aumente, convém que dediquemos algum tempo fixo todos os dias à oração, a esses momentos de conversa sossegada com Ele. Com o tempo, a perseverança nesse costume e as luzes do Espírito Santo nos abrirão as profundezas da intimidade divina. O que começara como um simples colóquio se transformará em uma contemplação profunda.

Na tradição da Igreja, o termo *contemplação* tem um significado forte e preciso. Não se trata apenas de viver de modo genérico na presença de Deus. A vida contemplativa consiste, com efeito, em gravar indelevelmente na *retina* da alma o olhar maravilhoso deste Deus Pai que, no Espírito Santo, já nestes momentos, nos está amando como filho no Filho. A contemplação costuma vir associada à palavra *mística*, pois implica um *misterioso* dom de Deus que nos capacita a abrir os olhos para realidades divinas que superam rapidamente nossa capacidade intelectual.

Essas luzes que Deus infunde nas almas permitem, por exemplo, contemplar a essência divina e a vida intratrinitária. Ao lermos os místicos espanhóis, como Santa Teresa de Jesus e São João da Cruz, ou os centro-europeus que nos inspiraram, como Santa Gertrudes ou o beato João de Ruysbroeck, temos a impressão de que, cada qual à sua maneira, todos falam a mesma coisa. Esses santos não encontram palavras para descrever o inefável, mas, quando tentam, sabemos que seu testemunho é legítimo, porque percebemos que estão se referindo à mesma realidade.

Quando conhecemos alguém engenhoso, costumamos dizer que se trata de alguém *cheio de vida*. Algo disso há em Deus, mas em grau infinito. Sem os dados que oferece a contemplação, poderíamos achar que Deus é como uma pessoa apagada, quando na realidade consiste na plenitude da vida. Por isso, enquanto os teólogos falam do mistério da Santíssima Trindade como algo *estático*, os místicos vislumbram no Deus Uno e Trino toda uma comunhão *dinâmica* de amor. Para os primeiros, a unidade em Deus deriva da unidade da natureza (*consubstancialidade*). Os santos, por sua vez, enfatizam que essa *unidade* provém da perfeita *união* amorosa entre o Pai, o Filho e o Espírito Santo.

Não pensemos que a vida contemplativa consiste sobretudo em grandes arrebatamentos. Em geral, não é isso o que acontece. São Josemaria, esse santo que conseguiu tornar acessível a contemplação aos cristãos que vivem imersos nas realidades temporais, depois de relatar sua experiência mística, afirma: «Não me refiro a situações extraordinárias. São, podem muito bem ser, fenômenos ordinários da nossa alma: uma loucura de amor que, sem espetáculo, sem extravagâncias, nos ensina a sofrer e a viver, porque Deus nos concede a sabedoria»[28]. Viver a contemplação com o

---

[28] *Amigos de Deus*, n. 307.

Senhor torna a vida muito mais simples. «A contemplação — afirma o Catecismo — é o olhar da fé, fixado em Jesus. "Eu olho para Ele e Ele olha para mim", dizia, no tempo do seu santo Cura, um camponês d'Ars em oração diante do sacrário»[29]. Os místicos não costumam influenciar nos êxtases, e sim no longo caminho de purificação interior que precede a contemplação de Deus.

O que podemos fazer para avançar por esta senda de contemplação? Antes de tudo, convém que *ampliemos* nossos desejos. É preciso aprofundar-se nesse desejo inato que todos carregamos no fundo de nossos corações. Quem não experimenta uma ânsia profunda de eterna felicidade? Quem já não se sentiu como nesta famosa frase de Santo Agostinho, do início de suas *Confissões*: «Fizeste-nos, Senhor, para ti, e nosso coração está inquieto até que descanse em ti»? Se não vivemos de modo superficial, esse desejo latente vem à superfície, talvez tendo por raiz as experiências que nos lembram da finitude desta vida.

Não é fácil falar desses desejos íntimos. «Sinto certo pudor — dizia o escritor britânico Clives Staples Lewis em uma conferência — ao falar da ânsia, presente em todos já neste momento, por chegar à nossa longínqua pátria, [...] insondável segredo oculto em cada um de nós, [...] mistério cuja ferida profunda nos leva a vingarmo-nos dele conferindo-lhe outros nomes, como nostalgia, romantismo e adolescência. A doçura de seu ferrão é tanta que, quando torna-se imprescindível mencioná-la em conversa íntima, ficamos incomodados e aparentamos estar rindo de nós mesmos. Não podemos ocultá-la nem a revelá-la, mesmo

---

29 *Catecismo da Igreja Católica*, n. 2715.

quando desejamos fazer ambos. Não cabe revelá-la porque trata-se do desejo de algo nunca revelado em nossa experiência. Não é possível calá-la tampouco porque nossa experiência sugere-a continuamente, e nos delatamos como aqueles amantes ao mencionar o nome da pessoa amada»[30].

O desejo *implícito* de Deus que todos guardamos torna-se mais *explícito* à medida que vamos amadurecendo e percebendo a analogia entre a felicidade humana e a divina. O amor nobre abre o apetite, mas, ao constatar suas limitações, intensifica-se o desejo de um amor ilimitado, já intuído, mas impossível de se cumprir nesta vida. Se temos consciência dessa analogia, uma simples canção moderna pode servir de inspiração. Assim, por exemplo, expressa certo cantor irlandês em uma de suas letras, tratando da quietude do amor — algo que ajuda a entender por que, na oração contemplativa, sobram as palavras: «Nunca soube que o amor pudesse ser um silêncio no coração, um momento no qual o tempo para: e tudo o que estive buscando está já aqui, ao alcance de meus braços, esperando simplesmente a oportunidade de começar»[31]. São muitos os poetas que souberam transmitir em versos esses profundos desejos do coração humano que tanto ajudam a intuir o amor divino. Serve de exemplo também esta passagem de um poema de Pedro Salinas, no qual ele compara o amor passageiro com as ondas do mar e o contrapõe a esse amor estável e sereno como as águas do fundo do oceano: «Para além da onda e da espuma/ o querer busca seu fundo./ Essa fundura onde o mar/ fez a paz com sua água/ e se estão querendo, já,/

---

30 C. S. Lewis, *El diablo propone un brindis*, Rialp, Madri, 1993. p. 118.
31 «Here is your Paradise», de Chris de Burgh: *I never knew love could be a silence in the heart, a moment when the time is still; and all I've been looking for is right here in my arms, just waiting for the chance to begin.*

sem rastro, sem movimento./ Amor/ tão sepultado em seu ser/ tão entregue, tão quieto,/ que nosso querer em vida/ sente-se/ seguro por não acabar/ quando terminam os beijos, os olhares, os sinais./ Tão certo de não morrer/ como está/ o grande amor dos mortos»[32].

O desejo explícito de Deus deriva também das luzes que concede o Espírito Santo. É Deus mesmo quem irrompe permitindo saborear as insuspeitadas perspectivas do amor divino. Sente-se esse «não-sei-quê que se alcança por ventura»[33]. A Deus não se pode ver nesta vida, mas quem, por assim dizer, o palpou através de um filtro nutre uma segurança inquebrantável pelo resto de seus dias. Esta graça não chega só aos grandes santos, como Teresa de Jesus ou João da Cruz, mas pode ser concedida a qualquer pessoa, inclusive a quem vive muito longe de Deus. É o caso do escritor e jornalista francês André Frossard, que encontrou a fé de modo surpreendente ao visitar uma pequena capela no Bairro Latino de Paris. Entrou ateu, como ele conta, e saiu «católico, apostólico e romano». Para além de sua conversão, sua experiência mostra que nem tudo é gozo na vida contemporânea e que plenitude e vazio andam de mãos dadas. E é quem conhece Deus de perto que necessariamente sente sua falta. Frossard descreve assim sua bondade: «Aquele cujo nome jamais poderia escrever sem que me assaltasse o temor por ferir sua ternura, diante de Quem tenho a dita de ser um menino perdoado, um menino que desperta para saber que

---

32 Pedro Salinas, «Razón de amor», versos 1184-1201, em: *Poesías completas*, Seix Barral, Barcelona, 1981. pp. 384-385.
33 «Por toda a beleza — diz são João da Cruz — nunca eu me perderei, mas por um não-sei-quê, que se alcança por ventura» (*Glosa*, em J.M. Moliner, *San Juan de la Cruz*, Palabra, Madri, 1991, p. 219).

tudo é um regalo»[34]. Após essa graça inesperada, a primeira reação do até então ateu convicto foi não entender por que tinha de seguir vivendo. «A necessidade de prolongar minha permanência no planeta — relata —, quando existia todo esse céu ao alcance das mãos, não se mostrava com muita clareza, e eu a aceitava muito mais por agradecimento do que por convicção»[35].

Para quem intuiu o divino, não poder vivê-lo em plenitude gera um grande pesar. A sensação se afigura como a ânsia do recém-apaixonado que almeja a consumação de seu amor. O contemplativo não é infeliz nesta vida — muito pelo contrário; no entanto sofre pelo que São João da Cruz chamava de *ausência de figura*[36]. São Josemaria expressava essa dor nos seguintes termos: «Vivemos então como cativos, como prisioneiros»[37]. Em todo caso, a solução do problema não consiste em deixar de desejar, mas em melhorar a qualidade do amor, diminuindo o «desejo de apropriação em benefício do desejo de doação»[38]. Acalmam-se assim os ardores próprios de um recém-apaixonado e se dá lugar a um amor mais desprendido, no qual o mais importante é que se cumpra a vontade do Amado. Quando se purificam as intenções amorosas, aquele *morro porque não morro* dos primeiros tempos se torna um rendido *seja feita a tua vontade!* Como afirma São João da Cruz, na alma que

---

34 A. Frossard, *Dios existe, yo me lo encontré*. Rialp, Madri, 1970. p. 160.
35 *Ibidem*, p. 163.
36 No «Cântico espiritual», diz este santo: «Revela tua presença/ e mate-me tua vista e formosura./ Percebe que a dolência/ de amor não possui cura/ exceto com a presença e a figura" (em *São João da Cruz, poemas selecionados*. Tradução de Hugo Langone, 7Letras, Rio de Janeiro, 2013).
37 *Amigos de Deus*, n. 296.
38 M. I. Alvira, *Vision de l'homme selon Thérèse d'Avila*, F.X. Guibert/O.E.I.L., Paris: 1992, p. 363.

amadureceu «estão a vontade e o apetite tão feitos um com Deus, que tem por sua glória cumprir-se o que Deus quer»[39].

Convém ressaltar que melhorar a qualidade do amor a Deus não faz deixar de desejá-lO. Isso seria deixar de amá-lO. São Josemaria não simpatizava com aquele *morro porque não morro*, uma vez que gostava de enfatizar a disponibilidade para labutar na terra por tanto tempo quanto o Senhor dispusesse. No entanto, nos últimos anos de sua vida, *morria* de vontade de ver o Senhor. Por isso, com as palavras do Salmo, não deixava de repetir: «A vossa face, ó Senhor, buscarei»[40].

---

39 São João da Cruz, «Chama de amor viva», Canção 1, 28.
40 Sl 26, 8. O texto em latim diz: *Vultum tuum, Domine, requiram!*

FILHO DE DEUS E DE MARIA

Com a cabeça e o coração

Se Cristo é o caminho para a mais alta contemplação da vida divina, convém indagar como nos aproximar dEle. Para conhecê-lO de modo objetivo, temos os dados revelados que tanto a leitura do *Evangelho* quanto o estudo da *doutrina cristã* nos oferecem. E, em um estágio posterior e paralelo, nos aproximamos e O conhecemos de um modo mais íntimo mediante a *oração*. Doutrina e vida dão-se assim as mãos e nos permitem conhecer a Cristo com a cabeça e o coração. A fé ilumina a inteligência para que conheça o amor de Deus. Em consequência, a vontade se fortalece e o coração se inflama. Porém, para avançar adequadamente nesse processo, devem participar em igual medida a reflexão e a vivência.

Por um lado, não chegaria muito longe quem aspirasse a três doutorados em Teologia e descuidasse da oração e dos sacramentos. Entre outras razões, porque há profundezas nas verdades reveladas que só são compreendidas se vividas. Até aqueles que dedicaram mais tempo ao estudo corroboram a importância da vivência. O jornalista e escritor italiano Vittorio Messori, por exemplo, lembra que «a quem lhe perguntava quem era, Jesus não lhe deu sermões ou tratados de teologia, mas propôs uma experiência concreta, tangível e visual: "Vinde e vede"»[1].

Por outro lado, a vivência necessita de um contraponto objetivo. Sem uma boa base de formação religiosa, poder-se-ia terminar por viver num mundo ilusório. É certo que Deus ajuda a quem não pode receber formação, mas o normal é começar com o catecismo. Deus pode nos dar as luzes necessárias para compreender os mistérios sobrenaturais com mais clareza do que tudo o que nos forneceria uma enciclopédia teológica. Pensem na *teofania* que experimentou André Frossard na França. Contudo, essas inspirações individuais, filtradas por uma subjetividade que nem sempre é fiável, oferecem menor certeza. Na mesma linha, é fato que mesmo a maior experiência mística pode deixar indiferente aquele que não quer crer[2].

Em razão da nossa fome de Deus, a espiritualidade sempre estará na moda. Infelizmente, não acontece o mesmo com a Revelação objetiva e suas implicações morais. Com a desculpa de combater a intolerância religiosa e promover a liberdade espiritual, não poucos cristãos sucumbiram ao aparente encanto de posturas sincretistas de estilo oriental, como o *new age*, que acabam por dispensar Deus e reduzir a oração a uma simples técnica de relaxamento mental. Por isso, convém insistir em que «a oração cristã é sempre determinada pela estrutura da fé cristã, na qual resplandece a verdade mesma de Deus e da criatura»[3]. Há muitos exemplos

---

[1] V. Messori, *Por qué creo. Una vida para dar razón de la fe,* Libros Libres, Madri, 2009, p. 120.

[2] Assim se entende, por exemplo, que seja ateu Jean Baruzi, um dos mais autorizados conhecedores de São João da Cruz (Cf. H. Arts, *Eeen Kluizenaar in New York,* De Nederlandsche Boekhandel, Amberes, 1986, p. 119).

[3] Carta *Orationis formas,* da Congregação para a Doutrina da Fé, 15 de outubro de 1989, 3.

cotidianos que mostram a importância de conhecer bem as verdades reveladas por Cristo. Não faz muito tempo, um amigo me contava certa anedota muito ilustrativa. Passeava pelas ruas de Londres e quis entrar em uma igreja para se aproximar de um Sacrário e rezar diante do Santíssimo Sacramento. O problema era como saber se o templo no qual queria entrar era católico ou protestante. A diferença é essencial, justamente pela presença real de Jesus Cristo na Eucaristia. Para diferenciar, meu amigo costumava prestar atenção nos horários que havia na entrada. Se anunciavam *serviços*, era protestante; se no aviso se referiam a *Missas*, tratava-se de uma igreja católica. Durante essas pesquisas, uma senhora anglicana aproximou-se amigavelmente para perguntar a ele se desejava algo e convidá-lo a entrar. Meu amigo lhe explicou que era católico e que, portanto, sabia que não encontraria o Senhor no Sacrário. Curiosa, a boa senhora lhe replicou: «Mas Jesus está em todos os lugares». Ele tentou lhe explicar, talvez em vão, que efetivamente Cristo, como Deus, está em todas as partes, mas que sua presença sacramental na Eucaristia é outro tipo de presença, muito mais próxima, e que seria impossível sem a Encarnação.

    Essa história mostra até que ponto as verdades de fé dão forma à vivência cristã. Os protestantes, ao desconhecerem a presença real de Jesus Cristo na Eucaristia, não podem desfrutar desse grande presente de amor que é tê-lO perto de nós — escondido, mas vivo. Ali onde está seu corpo encontram-se também sua alma e sua divindade. Daí a importância de conhecer todas as verdades reveladas por Deus. Concretamente, quando não se está familiarizado com a «profundidade da Encarnação»[4], a vida cristã se ressente e se torna espiritualista.

Já que a teoria e a prática religiosa se reivindicam mutuamente, nós as estudaremos em partes iguais. Adiante, falaremos da importância do trato pessoal com o Senhor na oração. Antes, contudo, é preciso aprofundar-se na cristologia, essa parte da teologia que se dedica a analisar os dados objetivos revelados por Deus sobre o mistério de Cristo.

Verdadeiro Deus

Há 21 séculos, o Verbo, Segunda Pessoa da Santíssima Trindade, se fez carne. Desde então, como afirma Bento XVI, «a Palavra já não é apenas audível, não possui somente uma voz; agora a Palavra tem um rosto, que por isso mesmo podemos ver: Jesus de Nazaré»[5]. Aos olhos da fé, a Encarnação é o fato mais importante da história. O cristianismo é a única religião cujo fundador afirma ser Deus. De início, a mais elementar prudência levou Jesus a dizê-lo de forma velada[6], a fim de conter uma reação violenta dos judeus. Não nos esqueçamos de que o mataram por se fazer igual a Deus[7]. Essa mensagem, no entanto, era cada vez mais clara, e ao final de sua vida Ele professava-a com determinação. «Eu e o Pai somos um»[8]. A resposta de seus interlocutores não deixa espaço para dúvidas: quiseram apedrejá-lo sob o argumento de que blasfemaria quem, sendo homem, se passasse por

---
4 *Amigos de Deus*, n. 74.
5 Bento XVI, Exortação apostólica *Verbum Domini*, 30 de setembro de 2010, n. 12.
6 Cf. Jo 8, 24, 28 e 58.
7 Cf. Mt 26, 64 e Mc 14, 62.
8 Jo 10, 30.

Deus[9]. A afirmação mais explícita de sua divindade foi feita por Jesus durante a Última Ceia, e nos seguintes termos: «Se me conhecêsseis, também certamente conheceríeis meu Pai; desde agora já o conheceis, pois o tendes visto. [...]Aquele que me viu, viu também o Pai»[10].

Conhecer a mentalidade hebraica ajuda a entender o tremendo impacto que tiveram essas palavras de Jesus. Lewis o resume assim: «Ele escolheu certo povo e, por séculos a fio, martelou na cabeça desse povo que tipo de Deus era, que não havia outro além dEle e que Ele exigia uma boa conduta. Esse povo foi o povo judeu, e o Antigo Testamento narra para nós como foi esse martelar. O verdadeiro choque vem depois. Entre os judeus surge, de repente, um homem que começa a falar como se ele próprio fosse Deus. Afirma categoricamente perdoar os pecados. Afirma existir desde sempre e diz que voltará para julgar o mundo no fim dos tempos. Devemos aqui esclarecer uma coisa: entre os panteístas, como os indianos, qualquer um pode dizer que é parte de Deus, que é um só com Deus, sem que haja nada de muito estranho nisso. Esse homem, porém, sendo judeu, não estava se referindo a esse tipo de divindade. Deus, na sua língua, era um ser que está fora do mundo, que criou o mundo e é infinitamente diferente de tudo o que criou. Quando você entende isso, percebe que as coisas ditas por esse homem foram simplesmente as mais chocantes já pronunciadas por lábios humanos»[11].

A divindade de Cristo constitui o fundamento da veracidade do cristianismo. Se Cristo é Deus, a religião fundada

---

9 Cf. Jo 10, 33.
10 Jo 14, 7-9.
11 C. S. Lewis, *Mero cristianismo*, Rialp, Madri, 1995, pp. 67-68.

por Ele é necessariamente a verdadeira. Não resulta de elucubrações ou experiências subjetivas, mas da iniciativa do único Deus, que, ao encarnar-se, se fez visível e palpável[12]. Ao contrário do que acontece em outras religiões, que se apoiam no testemunho de um homem — Maomé, por exemplo, no caso dos muçulmanos —, o cristão só confia em quem garantiu ser o próprio Deus. Se o cremos, aceitamos igualmente tudo o que Jesus nos ensinou, seja a Eucaristia ou a vida eterna. Se Ele nos revelou cem verdades, o mais razoável seria crê-las mesmo antes de conhecê-las. Não assentimos porque as compreendemos — entre essas verdades há também mistérios que excedem nossa inteligência —, mas porque as afirma o Único que não pode enganar-se nem nos enganar. Como observa São Josemaria ao considerar essas verdades de fé, advertimos «as limitações da inteligência humana diante das grandezas da Revelação. Mas, embora não possamos abarcar essas verdades, embora a nossa razão se pasme diante delas, cremos nelas humilde e firmemente: sabemos, apoiados no testemunho de Cristo, que são assim mesmo»[13].

Se toda a fé depende da divindade de Cristo, vejamos agora por que é sensato acreditar nela. Ele mesmo, quando a afirma, remete a suas obras[14]. Seus milagres, de fato, confirmam sua palavra. E aqueles que os relatam são testemunhas fidedignas[15], pessoas perfeitamente sãs que preferiram morrer em vez de negar o que tinham *visto* ou *ouvido*. Quando as autoridades judaicas proibiram Pedro e João «que ensinassem em nome de Jesus», estes contestaram: «Julgai-o vós

---

12 Cf. Jo 1, 18 e 1 Jo 1, 1.
13 É *Cristo que passa*, n. 169.
14 Cf. Jo 10, 38 e 14, 11.
15 Cf. Lc, 1, 1-4. Seu último milagre foi sua própria ressurreição gloriosa (cf. Mt 28, Mc 16 e Jo 20-21).

mesmos se é justo diante de Deus obedecermos a vós mais do que a Deus. Não podemos deixar de falar das coisas que temos visto e ouvido»[16]. Não nos transmitem, pois, teorias complicadas, mas algo simples que qualquer um poderia entender: que viram alguém que diz ser Deus e que faz toda sorte de milagres. Se alguém afirma ser Deus, existem três possibilidades: ou está louco, ou nos engana com artifícios, ou diz a verdade. Os testemunhos históricos corroboram que, tratando-se de Cristo, era facilmente possível excluir as duas primeiras hipóteses.

Nenhum contemporâneo de Jesus duvidou de que fosse realmente homem — era nítido a seus olhos —, mas Ele afirmou pungentemente algo que os sentidos não percebem e que só a fé pode supor: que era ao mesmo tempo Deus. A fé é um dom divino que exige evangelização[17] e boa vontade. Se deixamos claro que crer em Cristo é a opção mais sensata, fica mais fácil que a livre vontade do ouvinte concorde com a verdade anunciada; contudo, nem mesmo a melhor pregação leva automaticamente à fé. Tampouco presenciar milagres pode garanti-la quando falta boa disposição[18]. O apóstolo Tomé acreditou na divindade de Jesus Cristo depois de comprovar o prodígio de sua ressurreição[19], mas isso só aconteceu porque colocou-se à disposição para receber o dom da fé. Como observa João Paulo II, «por mais que olhasse e tocasse o seu corpo, só a fé podia penetrar plenamente no mistério daquele rosto»[20].

---

[16] At 4, 18-20.
[17] São Paulo pergunta: «E como crerão naquele de quem não ouviram falar? E como ouvirão falar, se não houver quem pregue?» (Rm, 10, 14).
[18] O melhor exemplo talvez seja a reação dos fariseus depois da ressurreição de Lázaro (cf. Jo 11, 45-53).
[19] Cf. Jo 20, 24-29.
[20] João Paulo II, *Novo millenio ineunte*, 19.

Graças a preconceitos e juízos pré-concebidos, não faltaram tentativas de desacreditar a divindade de Cristo. Com esse fim, desde o século XIX, alguns autores começaram a colocar em xeque a historicidade do Evangelho. Não é que apresentassem provas, mas conseguiam semear dúvidas. Levou mais de um século de trabalho científico, por parte de especialistas em exegese e em arqueologia, para desmentir essas suspeitas infundadas. Hoje sabemos que se conservam uns cinco mil manuscritos do Novo Testamento, alguns dos quais datam do século II e III. As diferenças entre esses textos são mínimas e se referem apenas a detalhes secundários. Sua fiabilidade histórica é maior que a dos clássicos gregos e latinos, cujas cópias mais antigas são escassas e estão separadas dos originais por mais de mil anos. Ronald Knox já afirmava que «temos manuscritos inteiros do Novo Testamento que remontam ao século IV, enquanto os mais antigos manuscritos de Tácito, por exemplo, escritos aproximadamente na mesma época, datam do século IX»[21].

Uma Pessoa e duas naturezas

Aderir à fé não impede que nos perguntemos como pode ser Jesus Cristo ao mesmo tempo Deus e homem. A Encarnação é um mistério, mas sempre é possível aprofundar-se em seu conteúdo. Um dos primeiros a fazer isso foi São Paulo, que afirma que em Cristo «habita corporalmente toda a plenitude da divindade»[22]. Nele, o divino pulsa atrás do humano. Deus não se disfarçou de homem: ele realmente fez-se homem.

---

[21] R. Knox. *El torrente oculto*, Rialp, Madri, 5ª ed., 2000, p. 108
[22] Cl 2, 9.

E o seguirá sendo no Céu por toda a eternidade, uma vez que «Cristo levou consigo sua corporeidade transfigurada até a vida eterna»[23].

Convém salientar a importância que reveste esse *caráter permanente da Encarnação*. Ao fazer-se homem, Deus marcou a nossa história; «o tempo humano se acumulou de eternidade»[24]. Por outro lado, desde a Ascensão de Jesus Cristo aos céus, «a condição humana ficou perpetuamente vinculada à Divindade»[25], já que sua Humanidade Santíssima, transfigurada, mas não desumanizada, adentrou até o mais íntimo que pôde na sempiterna Divindade. Portanto, Deus não compartilhou de nossa história apenas há vinte séculos: a Encarnação continua sendo plenamente atual! O fato de, em Cristo, Deus se ter feito acessível para os cristãos de todos os tempos supõe um avanço definitivo em nossas relações com Ele. Mesmo que não nos encontremos com Jesus agora, podemos tratá-Lo como se fôssemos seus contemporâneos, com a mesma familiaridade com a qual O trataram na terra seus primeiros discípulos: a mesma familiaridade que dedicamos a um irmão ou a nosso amigo mais querido.

Analisemos os dados revelados sobre o mistério da Encarnação[26]. Em seus fundamentos, eles são claros: Jesus Cristo é verdadeiro Deus e verdadeiro homem, nEle se dá uma *unidade* de Pessoa (um só eu, sujeito ou indivíduo) e uma *dualidade* de naturezas: é *uma* Pessoa (divina) que sustenta a existência de *duas* naturezas (a humana e a di-

---

[23] R. Guardini, *Quien sabe de Dios conoce al hombre*, PPC, Madri, 1995. p. 184.
[24] João Paulo II, Discurso de 10 de dezembro de 1997.
[25] J. Marías, *La perspectiva cristiana*. Alianza, Madri, 1999. pp. 63-64.
[26] Cf. *Catecismo da Igreja Católica*, nn. 456-483. Para um aprofundamento posterior, este manual de teologia pode ser útil: F. Ocáriz, L. F. Mateo-Seco, J. A. Riestra, *El misterio de Jesucristo*, EUNSA, Pamplona, 2004.

vina)[27]. A essa conclusão chegou o Magistério da Igreja, abrindo caminho entre heresias que colocavam em dúvida um desses elementos revelados. Os diversos concílios ecumênicos formularam com crescente precisão a base desse mistério[28]. Graças à ajuda do Espírito Santo, sabemos sem dúvidas que Jesus Cristo não é menos Deus por se ter feito homem, nem *menos* homem pelo fato de ser Deus. Agora como desde toda a eternidade, Cristo continua sendo a Segunda Pessoa da Santíssima Trindade, da mesma natureza divina que o Pai (*consubstancial*), à margem do tempo e do espaço. Além disso, há vinte séculos, a Pessoa do Verbo assumiu uma natureza humana íntegra, fazendo-se igual a nós em tudo, «com exceção do pecado»[29]. Nosso Senhor Jesus Cristo é, pois, perfeito Deus e perfeito homem.

No Concílio de Calcedônia, celebrado no século V, ficou definido que as duas naturezas de Cristo estão unidas «sem confusão, sem mudança, sem divisão e sem separação»[30], Dito de outro modo, sua humanidade e sua divindade estão unidas «sem mistura nem divisão»[31]. De tal união, conclui-se que Jesus Cristo não é nem menos Deus, nem menos homem.

---

27 Essa união de duas naturezas em uma única Pessoa se denomina *união hipostática* (*hipóstase* significa *Pessoa*).
28 O Concílio de Niceia (325) e o I Concílio de Constantinopla (385) destacaram a divindade de Cristo refutando o *arianismo*, que negava a divindade de Cristo, e o *nestorianismo*, que afirmava que em Cristo havia também uma pessoa humana. Mais adiante, o Concílio de Éfeso (431) definiu a união hipostática (duas naturezas unidas na Pessoa do Verbo). Por sua parte, o Concílio de Calcedônia (451) esclareceu a relação entre as duas naturezas e condenou o *monofisismo,* que colocava em xeque a verdadeira Humanidade de Cristo. Tudo ficou ainda mais explícito no II Concílio de Constantinopla (553). Por último, o III Concílio de Constantinopla (681) tirou consequências do anterior e, contra o *monoteísmo*, afirmou que em Cristo há duas vontades, duas inteligências e, por consequência, dois tipos de operações.
29 Hb 4, 15.
30 «*Inconfuse, inmutabiliter, indivise et inseparabiliter*», diz o texto original (*Denzinger*, 302).
31 *Ofício divino*, Laudes de 1º de janeiro, Antífona *«Ad Benedictus».*

As expressões *sem confusão* e *sem mistura* trazem consigo consequências práticas reveladoras. Já que sua natureza humana de nenhum modo é subjugada pela divina, sem esquecermos que é Deus, podemos tratá-lo como homem. Não se trata, pois, de um *amálgama* humano-divino. O Verbo assumiu a natureza humana sem absorvê-la[32]. É como se umas gotas de azeite caíssem em um enorme recipiente de água: por mais que os agitemos, os líquidos não irão se misturar. A falta de empatia de muitos cristãos com a Humanidade Santíssima de Cristo se deve, na prática, a que não O enxergam como verdadeiro homem. Imaginam que seja uma espécie de *híbrido humano-divino*.

Também convém destacar que a doutrina da Igreja, levando ao extremo a dualidade de naturezas, afirma que em Cristo há duas vontades, duas inteligências e, portanto, dois tipos de operações, uma humana e outra divina. As duas vontades geram dois modos de amar: um divino e outro humano. Enquanto homem, abriga um amor perfeito, mas que não deixa de ser genuinamente humano. O amor da Humanidade Santíssima de Cristo é o reflexo mais fiel do Amor divino, mas segue sendo um amor humano que abarca sentimentos como os nossos.

Coração de carne como o nosso

Com a expressão *Sagrado Coração de Jesus,* nos referimos a um âmbito mais amplo que o meramente sentimental. O termo *coração* designa o centro da esfera afetiva: não só o

---

[32] «Assumpta sed non absorpta» (cf. Concílio Vaticano II, *Gaudium et spes*, n. 22).

que sentimos, mas também o fundo último de nossa interioridade[33]. «Quando falamos de um coração humano, não nos referimos apenas aos sentimentos; aludimos à pessoa toda — que quer, que ama, que convive com os outros»[34]. Assim, se consideramos a *unidade de Pessoa* em Cristo, podemos, afirmar que seu Coração é o *ponto* ao qual confluem seu amor humano e seu amor divino[35]. Isso pressupõe que a pessoa do Verbo está amando por meio de afetos humanos. Nele, o divino pulsa pelo humano e o aperfeiçoa ao limite máximo. Assim entendem-se expressões como esta de São Josemaria: Jesus «ama-nos com o carinho inesgotável que se encerra no seu Coração de Deus»[36].

Não esqueçamos, no entanto, a outra parte do mistério: a *dualidade de naturezas*. Que todo um Deus esteja amando por meio de um coração humano perfeito não significa que deixe de ser um coração de carne como o nosso. O Antigo Testamento, para nos tornar acessíveis as coisas divinas, nos fala-nos do Amor de Deus em termos apaixonados[37]. Em sentido estrito, no entanto, por mais nobre e objetiva que seja a paixão afetiva, não pode ser atribuída a Deus, mas só a um ser humano. A fé nos ensina que em Cristo há duas inteligências e duas vontades, mas, ao mesmo tempo, nEle não há duas almas nem tampouco dois corações. Como afirma Dietrich von Hildebrand, «ao dizermos *Coração de Jesus* estamos tocando a fibra mais digna e nobre da natureza humana. Ter um coração capaz de amar, um coração

---

[33] Cf. *Catecismo da Igreja Católica*, n. 2563.
[34] São Josemaria Escrivá, *É Cristo que passa*, n. 164.
[35] «Coração de Jesus em que habita a plenitude da Divindade», diz a Ladainha ao Sagrado Coração.
[36] *É Cristo que passa*, n. 59.
[37] Ver, por exemplo: Ct 5, 2; Pr 7, 3; também Sl 12, 6; 21, 15; 39, 9; 44, 1; 56, 8.

que pode conhecer a ansiedade e o sofrimento, que pode se afligir e se comover, é a característica mais específica da natureza humana»[38].

Em Cristo, o humano se reflete no divino, mas não o esgota. Um coração humano, por mais perfeito que seja, não deixa de ser ilimitado, de modo que não pode expressar plenamente a imensidão do amor divino. É possível dizer que o amor humano de Cristo é a cópia mais fiel – ainda que reduzida – de seu amor divinal. Seu coração de carne é o mais perfeito que jamais existiu, mas segue sendo autenticamente humano. Seus afetos têm uma retidão inigualável, mas nem por isso deixam de ser genuinamente apaixonados. Mais uma vez: em Cristo, o humano não é menos humano pelo fato de se tratar de Deus, nem o divino é menos divino por ter sido feito homem.

Não é, pois, fácil *falar de Cristo com precisão teológica*, já que nEle se dão duas realidades difíceis de conjugar: unidade de Pessoa e diversidade de naturezas. Ao dar muita ênfase a uma das duas, tem-se a impressão de que há duas pessoas ou apenas uma natureza. Por um lado, há quem realce sua humanidade em detrimento de sua divindade. Estes *novos arianos* falam tanto de *Jesus de Nazaré* que parecem não acreditar que seja Deus. Referem-se a Ele como se estivesse no mesmo nível de importância de Sócrates ou outros personagens históricos que admiramos por sua integridade. Isso reflete, no fundo, um grave problema de fé, uma vez que negar a divindade de Cristo equivale a destruir o fundamento da religião cristã. Por outro lado, há aqueles que ressaltam tanto o divino que o humano fica praticamente abnegado.

---

38 D. von Hildebrand, *El corazón*, Palabra, Madri, 1997, p. 15.

Por medo de faltar com o respeito devido ao Filho de Deus, não se dão conta de toda a *profundidade da Encarnação*. Assim, o empenho por salvaguardar a qualquer custo a divindade e a santidade de Cristo, unido a certa tendência de idealização, pode levar a vê-lo menos humano do que na verdade é. Se, na teoria, não se coloca em dúvida sua natureza humana, esta, na prática e de modo imperceptível, é eclipsada por sua dignidade divina[39]. Daí a insistência com a qual, nestas páginas, dando já por definida a divindade de Cristo, enfatizamos a vertente humana de seu amor.

Essa clareza doutrinal é de grande ajuda à hora de tratar o Senhor. Assim, com alma de criança, o coração logo se expande ao contemplar Jesus na manjedoura de Belém, sem esquecer por isso que esse Menino é o Rei do Universo. A confiança no Cristo-Homem não impede de lembrar sua infinita dignidade divina. Familiaridade e respeito não são incompatíveis. Se contemplamos, por exemplo, Cristo ultrajado durante sua Paixão, relembramos que segue sendo o Filho de Deus — que, por trás de sua humanidade, sua divindade pulsa. Durante sua vida terrena, salvo em ocasiões bem específicas — como durante a transfiguração no Monte Tabor —, Cristo não permitiu que sua divindade transparecesse visivelmente através de seu corpo. Isso já não acontece agora, quando está glorificado nos Céus. Todas as palavras são poucas para expressar sua majestade.

Ainda que em outro nível, o que se disse sobre a dignidade de Cristo é também aplicável a Maria. Acontece com Ela como com as duas naturezas de Cristo. Por ser nossa Mãe, a tratamos com plena confiança filial. Mas esta familiari-

---

[39] O erro no qual, sem pretendê-lo, caem estes cristãos bem-intencionados pode-se chamar de *monofisismo prático*.

dade não deve nos fazer esquecer a veneração que merece por ser Mãe de Deus. É a Mãe de Cristo-Homem e, sendo Ele ao mesmo tempo Deus, Ela é verdadeiramente Mãe de Deus (ainda que não da divindade), porta pela qual Deus veio ao mundo. Quanto mais nos assombramos diante da Encarnação, melhor entendemos os privilégios marianos. As palavras não bastam para expressar a dignidade de Maria Santíssima, Filha de Deus Pai, Mãe de Deus Filho, Esposa de Deus Espírito Santo. No entanto, na prática, sem esquecer que é *Rainha*, o afeto filial nos leva a vê-la primordialmente como *Mãe de misericórdia*.

O HOMEM PERFEITO NO EVANGELHO

A personalidade de Cristo

Que Jesus Cristo seja perfeito não significa que Deus se fez homem em geral, mas *um* homem em particular. É homem e não mulher, tem uma história única e irrepetível, bem como uma personalidade determinada. Dois seres humanos podem ser igualmente perfeitos tendo, no entanto, personalidades muito diferentes. Por isso, a fim de fomentar a empatia por *esse* homem, precisamos do maior número possível de dados acerca de seu modo particular de ser. E esse não é só um desejo teórico. Trata-se, na verdade, de uma necessidade afetiva. Uma vez que ainda não O vemos, queremos conhecer sua interioridade. Quanto mais nos apegamos a Ele, mais desejamos saber como sua personalidade é. O Evangelho é o melhor lugar para encontrá-lo. Para meditar com proveito, dialogando ao mesmo tempo com o Senhor, convém que adentremos cada uma das cenas. Os evangelistas, preocupados sobretudo com o rigor histórico, costumam ser bastante econômicos na hora de nos relatar circunstâncias concretas ao redor dos acontecimentos, limitando-se a referir as palavras pronunciadas por Jesus. Daí a importância de imaginar o que omitem.

Ao meditar sobre o Evangelho, aprendemos a imitar o Mestre. Eis um esboço de sua contrastada personalidade: «Pregava e ensinava com autoridade. Humilhava-se — ou, melhor dizendo, humilhavam-no — e era paciente; condescendia sem se rebaixar; entregava-se com resignação total, mas não perdia a superioridade; dava-se, mas não impunha ou se submetia»[1]. Consciente da própria dignidade, Jesus sabia unir isso que tanto nos custa: a *dependência* e a *independência* dos demais. Entregava-se sem reservas, mas com plena liberdade interior. Assim, por meio de seu exemplo, descobrimos a nossa mais profunda verdade. João Paulo II não se cansou de insistir neste aspecto: «É Deus que vem em pessoa — afirmou, em 1988 — falar de Si ao homem e mostrar-lhe o caminho por onde é possível atingi-lO»[2]. Não é o momento de analisar cada uma das virtudes de Cristo. A título de exemplo, vamos nos deter apenas em sua grande capacidade de amar.

Grande capacidade afetiva

Jesus Cristo carece desse orgulho que está na raiz de nossos desvios afetivos. Seu Coração não abriga nenhuma necessidade egoísta. Por isso, ao explorar seus sentimentos, temos de distinguir entre os aspectos que denotam imperfeição e os que, por serem próprios da natureza humana, foram plenamente assumidos pelo Verbo. Daí que Jesus tenha «uma afetividade transfigurada que difere fundamentalmente de qualquer afetividade natural. Mas esta diferença não consiste em menor ardor, ternura ou afetividade. Trata-se, pelo

---

[1] J. M. Pich, *El Cristo de la Tierra*, Rialp, Madri, 1974, 3ª ed, p. 36.
[2] João Paulo II, *Tertio millenio adveniente*, n. 6. Cf. também *Gaudium et spes*, n. 22.

contrário, de uma afetividade sem limites, que desvela novas e desconhecidas dimensões do coração»[3].

No Evangelho, vemos que Jesus Cristo evita tanto o *sentimentalismo* como a *insensibilidade*. Sua afetividade está limpa de qualquer egoísmo ou superficialidade. Seus afetos são desprendidos, mas também não são, por isso, menos intensos que os nossos. Sua grande capacidade de amar manifesta-se em um sem-fim de detalhes: abraça as crianças[4], comove-se cada vez que se encontra com pessoas que estão sofrendo[5], ama seus amigos[6] — daí sua profunda tristeza pela morte de Lázaro[7] —, afirma ser «manso e humilde de coração»[8], olha com carinho para o jovem rico[9], deseja que seus discípulos tenham como descansar em ambiente familiar[10]. Também depois da ressurreição observamos esses sentimentos: dirige-se a Maria Madalena em um tom que delata sua emoção[11] e mostra certa preocupação com o que poderá acontecer a seus apóstolos[12]; trava um diálogo apaixonado com os discípulos de Emaús[13]; na conversa com Pedro junto ao mar de Tiberíades, pergunta-lhe três vezes se ele O ama, coloca em evidência o carinho que tem por ele, assim como seu desejo de ser correspondido com todo afeto e entrega.

---

3 D. von Hildebrand, *El corazón*, op. cit., p. 21.
4 Cf. Mc 9, 36.
5 Cf., por exemplo, Mt 9, 2; Lc 7, 13; Mt 9, 36; Mc 6, 34.
6 «Ora, Jesus amava Marta, Maria, sua irmã, e Lázaro» (Jo 11, 5).
7 Cf. Jo 11, 33-35 e 38.
8 Cf. Mt 11, 29.
9 Mc 10, 21.
10 Cf. Mc 6, 31.
11 Cf. Jo 20, 16.
12 Cf. Jo 20, 17.
13 Lc 24, 25-26.

Com Jesus aprendemos a ser afetuosos, mas não brandos; desprendidos, mas não indiferentes. Evitamos assim tanto as falsas espiritualidades que nos desumanizam como os desmandos de uma afetividade desbocada. Como afirma São Josemaria, se desprezarmos a afetividade, «só seremos capazes de uma *caridade oficial*, seca e sem alma; não da verdadeira caridade de Jesus Cristo, que é ternura, calor humano. Com isto não dou pé a falsas teorias, que são tristes desculpas para desviar os corações de Deus e levá-los a más ocasiões e à perdição»[14].

No fim das contas, o valor moral das paixões depende do uso que fazemos delas. «As emoções e os sentimentos podem ser assumidos pelas *virtudes* ou pervertidos pelos *vícios*»[15]. De qualquer forma, não se trata de reprimir os afetos, mas de purificá-los tentando tirar deles a marca do egoísmo e as ações irracionais. No fundo, essa atitude positiva em direção às nobres realidades humanas deriva da Encarnação. Jesus é mestre de humanidade, algo que não é bem compreendido por quem desconhece «a profundidade da Encarnação de Cristo»[16].

Cristo nos ensina também a combinar forças e todos os recursos de que dispomos, sejam afetivos, intelectuais ou volitivos. Convém somar, não subtrair: a pessoa ideal combina a mente clara do engenheiro, a vontade forte do atleta e o coração ardente do poeta. Além disso, eles avançam unidos, apoiando-se mutuamente para que a pessoa cresça de maneira harmônica. Do contrário, em vez de ajudar, bloqueiam-se. O coração pode ajudar o intelecto e a vontade, mas, se se

---

14 É *Cristo que passa*, n. 167.
15 *Catecismo da Igreja Católica*, n. 1768.
16 *Amigos de Deus*, n. 74.

sobrepuser a eles e perturbar o equilíbrio natural, como acontece com o *sentimentalismo*, desordena a atividade das potências espirituais. Por sua vez, se o intelecto e a vontade se desagregam, pode-se cair facilmente no *intelectualismo* ou no *voluntarismo*, comportamentos nos quais o coração não atua. Para evitar essas três deformações, «o intelecto, a vontade e o coração deveriam cooperar entre si, mas respeitando o papel e a área específica de cada um. O intelecto ou a vontade não deveriam tentar proporcionar o que só pode dar o coração. E este não deveria menosprezar a importância do intelecto ou da vontade»[17].

Como uma faca de dois gumes, o coração apresenta duas *vantagens* e duas *desvantagens*: no que diz respeito ao intelecto, aguça o engenho e cega a razão; à vontade, facilita a generosidade e dificulta o desprendimento. Podemos, portanto, fazer uma ideia bastante precisa dos sentimentos do Coração de Jesus se analisarmos os nossos, tirando o que é negativo e aumentando o positivo. O Evangelho corrobora que Jesus Cristo tem todas as vantagens da afetividade e nenhum de seus inconvenientes. Conhecer os sentimentos de seu Coração nos abre perspectivas consoladoras de *recíproca sintonia afetiva*. Quando dois corações pulsam em uníssono compartilhando gozos e penas, ambos saem beneficiados: as alegrias de cada um se intensificam e os pesares se tornam leves.

---

17 D. von Hildebrand, *op. cit.*, p. 106.

Coração misericordioso

O afeto, quando posto ao serviço do intelecto, facilita essa *empatia* que tanto favorece a compaixão pelo necessidades alheias. O relato evangélico exacerba essa grande capacidade que tem Jesus de se compadecer das misérias dos outros. Quando chega a Naim, por exemplo, estão enterrando um jovem, «filho único de uma viúva; acompanhava-a muita gente da cidade. Vendo-a o Senhor, movido de compaixão para com ela, disse-lhe: "Não chores!"»[18]. A compaixão O leva a fazer uma exceção: ressuscita o filho sem sequer pedir à mãe um sinal de fé. O milagre foi a «manifestação do poder de Cristo-Deus. Mas antes tivera lugar a comoção da sua alma, manifestação evidente da ternura do coração de Cristo-Homem»[19].

O Coração de Jesus é, efetivamente, *compassivo* e *misericordioso*. Conta o Evangelho que, «vendo a multidão, ficou tomado de compaixão, porque estava enfraquecida e abatida como ovelhas sem pastor»[20]. Sente a miséria alheia como própria, e por isso sofre tanto e está disposto a valer-se de todos os meios a seu alcance para aliviá-la. Daí também sua predileção pelos mais necessitados, especialmente pelos pecadores[21]. O Evangelho nos oferece material abundante para imaginar seu rosto misericordioso. Seu olhar a Levi, a Zaqueu, à mulher adúltera, ao ladrão, à samaritana e, de modo especial, a Pedro[22] não é um olhar severo que recrimina. Revela, na verdade, o desejo de se reconciliar com o

---
18 Lc 7, 12-13.
19 É *Cristo que passa*, n. 166.
20 Mt 9, 36.
21 Cf. Mt 9, 12.
22 Cf. Mc 2, 13-17; Lc 19, 1-10; Jo 8, 1-11; Lc 13, 39-43; Jo 4, 1-30; e Lc 22, 61.

amigo perdido. Trata-se de uma mistura irresistível de terna compaixão e repreensão amorosa; expressa, ao mesmo tempo e por uma mesma razão de amor, dor pela ofensa e desejo de fazer as pazes: pena que se tenta esconder e esperança de um feliz desenlace.

O afeto leva Jesus a preocupar-se com cada um em particular. Assim, durante a Última Ceia, seu coração estremece ao pensar em Judas. Está a ponto de executar atos de extraordinária transcendência, como a instituição da Eucaristia e a Paixão, mas interrompe várias vezes seu discurso para se referir ao discípulo que vai O trair. Irá consumar a Redenção do gênero humano e O preocupa a salvação do discípulo infiel[23]. Não é paradoxal? Contudo, não se deixa levar pela irracionalidade do coração. Sabe estar no grande sem descuidar do pequeno. Não é sentimental demais para ser alguém que, por temor à réplica, não se atreve a dizer verdades dolorosas, mas de grande ajuda.

Paralelamente, o Evangelho contém fortes advertências a quem coloca a própria salvação eterna em perigo. Quando Jesus anuncia pela primeira vez a seus discípulos que viera para padecer, Pedro se rebela. Não o compreende porque pensa só com o coração. Por isso, movido por um carinho demasiado humano, tenta dissuadir Jesus de ir a Jerusalém.

---

23 Essa grande dor interior de Jesus por causa de um só pecado manifesta que não é possível, como às vezes se sugeriu, que um pouco mais tarde, no Horto das Oliveiras, pudesse sofrer por todos e cada um dos pecados que se cometeriam até o fim do mundo. Essa ideia padece de *monofisismo prático*, pois despreza os imperativos da humanidade de Cristo. Atendendo à sua divindade, o Catecismo pode afirmar que «Jesus conheceu-nos e amou--nos, a todos e a cada um, durante a sua vida, a sua agonia e a sua paixão, entregando-Se por cada um de nós: "O Filho de Deus amou-me e entregou-Se por mim"» (478). No Getsêmani, Cristo, como Deus, conhecia o futuro, mas como homem não pôde sofrer tanto em tão pouco tempo. Sua humanidade padeceu o máximo que lhe foi possível.

O Senhor o repreende com dureza e diz: «Teus pensamentos não são de Deus, mas dos homens!»[24].

As duras advertências de Cristo — ao repreender os fariseus ou ao defender a honra de seu Pai expulsando os mercadores do templo[25] — não são inspiradas por essa ira que cega a razão. Sua *santa indignação* contrasta com a conduta irascível que procede do orgulho ferido. «Jesus — afirma São Josemaria — nunca se mostra distante ou altaneiro. Por vezes, durante os seus anos de pregação, chegamos a vê-lo desgostoso, por lhe doer a maldade humana. Mas, se prestarmos um pouco de atenção, logo compreenderemos que o desgosto e a ira lhe nascem do amor»[26]. Não há nEle susceptibilidade. Por isso, os pecados e as ingratidões lhe doem muito, mas não O enfurecem.

Jesus sofre tanto quanto nos ama: a intensidade de sua dor é diretamente proporcional à intensidade de seu afeto. Por sorte, o coração não comporta apenas vulnerabilidade, mas também a capacidade de alegrar-se. Daí que a alegria que procuramos dar ao Senhor também se multiplica pelo tanto que Ele nos ama. Um pequeno detalhe de carinho lhe produz uma satisfação talvez cem vezes maior que a nossa nas mesmas circunstâncias. Entre seus sentimentos e os nossos não há só uma diferença de *intensidade*, mas também de *qualidade*. Seu afeto é o mais bonito que já existiu porque não está contaminado pelo egoísmo: não há vaidade em suas alegrias, e suas penas nada têm a ver com o orgulho ferido. Goza e sofre simplesmente porque ama.

---

24 Mt 16, 23.
25 Cf. Jo 2, 13-22.
26 *É Cristo que passa*, n. 162.

O desamor só O faz sofrer porque vê truncado seu desejo de contribuir para a nossa felicidade.

Quanto mais se forem delineando os sentimentos de Cristo, talvez mais venhamos a nos dar conta das imperfeições dos nossos. No entanto, longe de nos desanimar, podemos nos voltar a Ele e, como nas ladainhas ao Sagrado Coração, lhe dizer: «Fazei o nosso coração semelhante ao vosso». Temos esperança porque o amor de seu Coração pode purificar o nosso. Jesus Cristo não é apenas *modelo* de humanidade, mas também *fonte* de uma graça que nos capacita a amar como Ele ama. «O amor de Cristo — afirma João Paulo II — faz que o homem seja digno de ser amado. Criado à imagem e semelhança de Deus, o homem recebeu um coração que deseja ser amado e é capaz de amar. O amor do Redentor, que cura a ferida de seu pecado, eleva-lhe à dignidade de filho»[27]. Essa graça santificante que nos cura e dignifica nos chega principalmente através dos *sacramentos*, sobretudo o Batismo, a Reconciliação (Confissão) e a Eucaristia.

Se ainda tivermos dúvidas acerca da possibilidade de nossa santificação, contamos com a solicitude de nossa Mãe. Por ser *cheia de graça*, seu Coração Dulcíssimo é o que mais se parece ao de Jesus. Nenhuma outra criatura jamais cultivará afetos tão intensos, desinteressados e desprendidos como os da Serva de Nazaré. Sua santidade constitui para nós um firme motivo de esperança. Na realidade, se o coração de uma criatura como Maria, com a graça de Deus e sua boa vontade, pode ser transfigurado em tão alto grau, o que nos acontecerá se permitirmos humildemente que a graça de Deus purifique nossos corações?

---

[27] João Paulo II, *Carta de 22 de junho de 1990* (a Mons. R. Séguy, bispo de Autun).

De Maria aprendemos esta postura de humildade: no *Magnificat*[28], Ela nos instrui na desconcertante lógica evangélica que nos leva a tirar proveito até de nossas fraquezas. Por meio da Virgem, fazemo-nos mais próximos do *rosto maternalmente misericordioso* de Deus Pai. Se nos desencaminhamos, sua patente e potente compaixão de Mãe rompe o nosso orgulho e nos lembra o incondicional amor de seu Filho. Com razão observa São Josemaria que «a Jesus sempre se vai e se "volta" por Maria»[29].

---

[28] Cf. Lc 1, 46-56.
[29] *Caminho*, n. 495.

O CONHECIMENTO FEITO VIDA: A ORAÇÃO

A alma da vida cristã

Volto mais uma vez à importância de unir doutrina e vida. O conhecimento objetivo de Cristo precisa do complemento da vivência. Para que as verdades da fé transformem o nosso coração, é preciso meditá-las em clima de oração. Vimos que Jesus Cristo é verdadeiro Deus e verdadeiro homem e nos aproximamos do exemplo sempre comovente e inspirador de sua vida. Falta, porém, a cereja do bolo: a oração, a melhor via para que esse conhecimento teórico impregne nossa existência, para que não só conheçamos o Senhor, mas também o tratemos e o amemos com fervor. Como afirma Javier Sesé, «a oração é a expressão viva e o alimento dessa progressiva intimidade de amor com Deus em que consiste essencialmente a vida espiritual cristã»[1].

O encontro pessoal com Cristo é um *dom* que recebemos gratuitamente e, ao mesmo tempo, uma *tarefa* que ninguém pode executar por nós. Faz-nos obter uma vivência interior tão incomunicável quanto inesquecível, uma luz que se grava em nossa alma e nos ajuda muito mais que a leitura de

---

[1] J. Sesé, *Naturaleza y dinamismo de la vida espiritual*, em «Scripta Theologica» 35 (2003), p. 55.

muitos livros. Como bem afirma uma noruguesa conversa, «o cristianismo não é uma série de regras morais ou um sistema filosófico. É uma relação com uma pessoa. Essa é a essência. O encontro com Cristo pode ser um choque repentino ou um descobrimento gradual. Mas é Ele quem nos busca na Missa ou na oração, em uma conversa ou em um pensamento. Queremos ser amados: este é o desejo mais profundo de nossa existência, e o saciamos no verdadeiro amor de Deus, através de seu Filho feito homem. Este é o segredo, o amor escondido, a pérola do campo»[2].

Sem essa relação de amor com o Senhor, o cristianismo se desvirtua: fica rebaixado a uma simples ideologia ou a uma ética. A religião transformada em ideologia é sempre perigosa: mistura-se com opções políticas e de opinião e, em vez de unir, divide. Também não se pode reduzi-la a uma série de valores morais, como o que acontece com esses pais que querem um colégio católico para os filhos não tanto para que lhes ensinem a amar a Deus, mas sobretudo para que aprendam regras de conduta. O ideal cristão é muito maior: consiste em viver por amor a Quem, sem coagir nossa liberdade, faz o possível para nos revelar seu amor. Comentando a conversão de São Paulo, afirma Frossard: «O cristianismo não é uma concepção de mundo, nem sequer uma regra de vida; é a história de um amor que recomeça com cada alma. Para o maior dos apóstolos, fascinado até o fim pela beleza de um rosto entrevisto no caminho de Damasco, a verdade não é uma ideia a que há de servir, mas uma pessoa a quem se deve amar»[3].

---

[2] J. Haaland Matlary, *El amor escondido. La búsqueda del sentido de la vida*, Belacqva, Barcelona, 2002, p. 241.
[3] A. Frossard, *Los grandes pastores*, Rialp, Madri, 1993. p. 115.

O amor se forja e se conserva a partir de como é tratado. Se dele descuida alguém que entregou sua vida a Deus, corre o perigo de cair no *ativismo*. Em vez de esforçar-se em seu ideal apostólico com o fim de agradar ao Senhor, o orgulho o leva a centrar-se nos resultados visíveis de seu empenho. Suas *raízes* deterioradas produzem *frutos* efêmeros. «Parece que aproveita o tempo, que se mexe, que organiza, que inventa um modo novo de resolver tudo... Mas é improdutivo»[4]. Não deixa marcas nem pegadas, pois seu desejo de *eficácia* acaba comprometendo a *fecundidade* de seu trabalho. «Temos que trabalhar muito na terra — aconselha São Josemaria —, e temos que trabalhar bem, porque essas ocupações habituais são a matéria que devemos santificar. Mas nunca nos esqueçamos de as realizar por Deus. Se as fizéssemos por nós mesmos, isto é, por orgulho, só produziríamos folharada; e nem Deus nem os homens conseguiriam saborear um pouco de doçura em árvore tão frondosa»[5].

Frutos da oração

Para que a oração mental seja eficaz, costuma ser útil dedicar-lhe diariamente um tempo fixo. Há muitos modos de fazê-la. Basta sentar-se em uma igreja ou em um lugar tranquilo e começar a conversar com o Senhor como faríamos se O encontrássemos. Qualquer tema vale — a Ele interessa tudo o que é nosso —, ainda que, com o passar do tempo, aumente nossa empatia com seu Coração e falemos cada vez menos de nós e cada vez mais do que é dEle. Assim conta

---
4 *Amigos de Deus*, n. 51.
5 *Ibidem*, n. 202.

São Josemaria, em *Caminho*, do que convém falar com Deus: «De quê? DEle e de ti: alegrias, tristezas, êxitos e fracassos, ambições nobres, preocupações diárias..., fraquezas!; e ações de graças e pedidos; e Amor e desagravo. Em duas palavras: conhecê-Lo e conhecer-te — ganhar intimidade!»[6].

Pode-se começar, talvez, comentando algo que lhe aconteceu e depois aprofundar em algum tema espiritual. Para isso, convém acompanhar esses momentos com um livro de meditação adequado às nossas circunstâncias, mesmo que em muitas ocasiões não venha a fazer falta, pois o diálogo fluirá com facilidade. Este é o momento de consultá-lO acerca de todo tipo de questões. No mais fundo da consciência, além do manipulável âmbito psicológico, percebemos a Vontade de Deus. Cada vez que decidimos seguir suas inspirações, experimentamos uma profunda paz interior. É como tentar captar uma frequência distante no rádio. O Senhor, para não se impor, não costuma falar de modo muito claro, mas pouco a pouco se aprende a sintonizar com Ele. Madre Teresa de Calcutá nos dá o seguinte conselho: «Nunca abandoneis este contato diário íntimo com Jesus como pessoa real e viva, e não simplesmente como uma ideia. Como podemos passar um só dia sem ouvir Jesus nos dizendo *Eu te amo*? Impossível! Nossa alma disso necessita tanto quanto o corpo necessita respirar o ar. Do contrário, a oração está morta, a meditação é tão só uma reflexão. Jesus quer que cada um de nós O escute falando no silêncio de seus corações»[7].

Com o passar do tempo, o amor do Senhor já não é algo sabido ou sentido: podemos tocá-lo! Descobre-se que não só

---

6 *Caminho*, n. 91.
7 J. P. Manglano e P. de Castro, *Orar con Teresa de Calcuta*, Desclée de Brouwer, Bilbau, 2003, p. 36.

nós O buscamos, mas que também Ele toma a iniciativa. «A princípio custará; é preciso esforçar-se por dirigir o olhar para o Senhor, por agradecer a sua piedade paternal e concreta para conosco. Pouco a pouco, o amor de Deus — embora não seja coisa de sentimentos — torna-se tão palpável como uma farpada na alma. É Cristo que nos persegue amorosamente: *Eis que estou à tua porta e bato*. Como anda a tua vida de oração? Não sentes às vezes, durante o dia, desejos de conversar mais devagar com Ele? Não lhe dizes: Depois te contarei isto, depois conversarei sobre isto contigo? É nos momentos expressamente dedicados a esse colóquio com o Senhor que o coração se expande, a vontade se fortalece, a inteligência — ajudada pela graça — embebe em realidades sobrenaturais as realidades humanas. E, como fruto, surgem sempre propósitos claros, práticos, de melhorar a conduta, de tratar delicadamente, com caridade, todos os homens, de empenhar-se a fundo — com o empenho dos bons esportistas — nesta luta cristã de amor e de paz»[8].

A oração canaliza e potencializa os propósitos de melhoria. Essa «vida escondida com Cristo em Deus»[9] nos modifica interiormente. Chama a atenção a sabedoria que adquire o cristão que persevera durante anos fazendo oração mental. Conheci de perto um homem sem estudos que, com toda a naturalidade, aclarava as dúvidas que tinha seu interlocutor, um famoso catedrático. Este lhe dizia: «Acaba de me resolver um problema que eu não estava conseguindo resolver». O homem simples não via problema algum. Levava quase cinquenta anos fazendo oração todos os dias e não tinha ciência do muito que seu professor, o Espírito Santo, lhe havia ensinado.

---
8 É *Cristo que passa*, n. 8.
9 Cl 3, 3.

Em essência, recebemos luzes para a *inteligência* e forças para a *vontade* que trazem consigo uma gradual purificação do *coração*. À medida que percebemos o amor do Senhor, a vontade vai aderindo a Ele, e o coração experimenta uma liberdade antes inimaginável. Se tentamos dedicar um tempo fixo à oração todos os dias, o Senhor vai abrindo cada vez mais o seu Coração. Percebemos que se torna fácil amar com loucura a Quem se fez humano como nós. Descobrimos não só a *intensidade* de seu afeto, como também a *qualidade* de seu amor, que se manifesta em abundantes obras de amor desinteressado e desprendido. Percebemos que sempre busca, antes de tudo, o nosso bem e que, longe de pedir algo em troca, respeita delicadamente a nossa liberdade: Ele se entrega a nós por completo com um respeito que nada tem a ver com indiferença. Definitivamente, como diz São Josemaria, começamos a «amar Jesus de forma mais eficaz, com um doce sobressalto»[10].

Oração e caridade

Ao contrário dos que desconfiam da vida de oração alegando que ela descuida do amor ao próximo, um dos frutos da empatia com o Coração de Cristo consiste em intensificar a *caridade pelos demais*. «Não é possível que a nossa pobre natureza, tão perto de Deus, não arda em fomes de semear pelo mundo inteiro a alegria e a paz»[11]. Saber que o Senhor ama a cada um como a Si mesmo estimula nosso esforço para sermos melhores pais, irmãos ou amigos. Conhecendo

---
10 «Rumo à santidade», em *Amigos de Deus*, n. 296.
11 *Ibidem*, n. 311.

as entranhas de misericórdia de Jesus e sua predileção pelos mais necessitados, aprendemos a ser mais compreensivos com os defeitos alheios e nos esforçamos por colaborar em iniciativas que buscam aliviar quaisquer tipos de misérias, tanto físicas (trabalhos assistenciais) quanto espirituais (apostolado).

Nossos semelhantes sempre se beneficiam do progresso de nossa vida espiritual. É algo que vê com clareza qualquer um que não reduza o cristianismo a uma ideologia filantrópico-social. Sem a centralidade do amor à pessoa de Cristo, a vida cristã se desvirtua. Reduz-se a um ideal vago – certamente bem-intencionado, que pretende construir um mundo melhor – ou a uma perigosa ideologia partidária. Tirar da caridade a base nutritícia do amor ao Senhor conduz necessariamente ao esgotamento. Isso se vê especialmente nos católicos obcecados pela vida pública que descuidam sistematicamente de sua vida de oração. Em vez de *cristianizar* o mundo, *mundanizam-se* eles mesmos. Passados os anos do primeiro fervor ativista, surgem incômodos problemas morais, e a falta de coerência salta aos olhos. Parece que aderiram ao ideal cristão por meras razões de conveniência e que o abandonaram quando essas razões desapareceram. Já disse o Senhor: «Se me amais, guardareis os meus mandamentos»[12]. Formulado ao contrário, teríamos: «Se não me amais, não guardareis os meus mandamentos».

Em contrapartida, se não se descuida da vida interior, o desejo de entrega generosa aumenta progressivamente. O exemplo de Madre Teresa de Calcutá é bastante expressivo. Tudo o que fez para ajudar os mais necessitados tinha

---

12 Jo 14, 15.

suas raízes em seu amor a Cristo. Sua espiritualidade se fundamenta em um misterioso encontro pessoal que teve com Ele em 1946, enquanto viajava de trem. Ela se deu conta de que Jesus não teve sede apenas quando preso à Cruz[13], mas que também agora anseia pelo amor de cada um de nós. Compreendeu que só ela podia saciar a *sede* que o Senhor tinha dela. Descobriu, além disso, que com o seu amor deveria aliviar também a *sede* que sente Nosso Redentor por causa de sua identificação com a dor do *mais pobres entre os pobres*. Aí está a razão mais profunda de tudo o que Madre Tereza fez em sua vida. Em 1993, quando tinha 83 anos e pressentia que se aproximava o fim de seus dias, escreveu uma carta na qual reunia toda a sua experiência. Pedindo a suas filhas que buscassem também um verdadeiro encontro com o Senhor, dizia-lhes: «Jesus quer que lhes diga novamente quanto amor tem por cada uma de vocês, muito mais do que podem imaginar. Preocupa-me que algumas ainda não tenham encontrado realmente Jesus — frente a frente —, vocês e Jesus, a sós. Vocês podem passar muito tempo numa capela, mas terão visto com os olhos de suas almas como Ele as olha com amor? Conhecem realmente Jesus vivo — não por meio dos livros, mas por estarem com Ele em seus corações? Ouviram as palavras cheias de amor que Ele diz? Peçam a graça: Ele deseja concedê-la. [...] Até que saibam muito bem dentro de si que Jesus tem sede de vocês, não poderão saber quem Ele quer ser para vocês. Ou quem Ele quer que vocês sejam para Ele»[14].

---

13 Cf. Jo 19, 28.
14 Em J. P. Manglano e P. de Castro, *Orar con Teresa de Calcuta, op. cit.*, pp. 35 e 38.

Tratar a Cristo como homem

Já vimos que na vida cristã existem espiritualidades tão diversas como legítimas. Outra fonte de variedade está no contexto vital em que cada pessoa se desenvolve, assim como sua correspondência particular à graça. Cada história de amor, seja humana ou divina, é única e intransferível. É como escalar um monte: o topo é o mesmo para todos, mas há diversas trilhas que conduzem até ele. Não obstante, existem também atalhos. Os ensinamentos de Jesus e a experiência dos santos nos confirmam que o melhor caminho para entrarmos na intimidade divina é a relação confiada com a Humanidade Santíssima de Cristo.

Ao falar com Jesus Cristo, posto que o humano é mais acessível que o divino, convém que diferenciemos suas duas naturezas. Quando lhe pedimos algo, não é necessário contar muitos detalhes: dirigimo-nos à sua Pessoa em geral. No entanto, se nos aproximamos de Jesus realmente presente no Sacrário a fim de iniciar um colóquio pessoal, depois de ajoelharmos para adorar sua divindade é mais fácil tratá-lo como homem: podemos nos abandonar e dizer a Ele todos os nossos sentimentos. Com efeito, como em qualquer relação de amor, a *afetividade* também tem um papel importante nesse trato íntimo com o Senhor. «Já que somos carnais — observa São Bernardo —, é necessário que nosso desejo ou amor comece a partir da carne»[15]. Além disso, querê-lO com todo o coração não obedece apenas a uma necessidade nossa: também Ele, humano como nós, o aprecia. Quem desconhece essa realidade de afeto recíproco pode cair no

---

15 São Bernardo, *De diligendo Deo*, XV, 39.

sentimentalismo, essa tendência egoísta de desfrutar dos sentimentos como se fossem fins em si mesmos.

Ao falar com Jesus, não percamos de vista que seus sentimentos não mudaram agora que está no Céu. Ao ler o Evangelho, talvez tenhamos certa inveja de seus contemporâneos, sem percebermos que também nós somos assim. São Josemaria, dirigindo-se a alguém que se emocionava ao ler o Evangelho, dizia-lhe: «Tu O contemplas, nesses momentos, tão profundamente humano, tão ao teu alcance!». E acrescentava: «Pois olha..., Jesus continua a ser o mesmo de então»[16]. De fato, «Jesus Cristo é sempre o mesmo: ontem, hoje e por toda a eternidade»[17]. Na glória, segue sentindo como próprio tudo o que é nosso. A aparição a Paulo no caminho de Damasco o corrobora. Ao mostrar sua dor por causa da perseguição aos cristãos, não diz: «Por que os persegues?»[18], mas: «Por que me persegues?». E, quando o futuro apóstolo pergunta: «Quem és, Senhor?», responde: «Eu sou Jesus, a quem tu persegues». Vê-se que está identificado com cada um dos membros de seu Corpo Místico na terra. «Ele já foi elevado ao mais alto dos céus — explica Santo Agostinho —; no entanto, continua sofrendo na terra por meio das penas que experimentam seus membros»[19]. Segundo a liturgia, «ele não foi para se desentender deste mundo, mas porque quis preceder-nos como nossa cabeça»[20]. Por isso, disse que tudo o que fizéssemos ao outro faríamos a Ele[21].

---
16 *Sulco*, n. 233.
17 Hb 13, 8.
18 At 9, 5.
19 Santo Agostinho, *Sermo de Ascensione Domini*, Mai. 98, 1-2: PLS 2, p. 494.
20 Prefácio I da Solenidade da Ascensão do Senhor.
21 Cf. Mt 25, 34-45.

Essa conexão afetiva de Cristo com cada um de nós nos incita a compartilhar, de coração para coração, gozos e pesares. Se a sintonia afetiva é recíproca — se nos colocamos na pele dEle —, o colóquio íntimo não servirá de desafogamento só para nós: também Ele se beneficiará. Em ambas as direções, as alegrias se intensificam e as penas se aliviam. Conta Santa Faustina que certo dia Jesus lhe deixou contemplar sua dor por causa de alguns pecados que vinham sendo cometidos naquele momento. O Senhor, ao ver seu desconsolo, disse-lhe: «Vejo a dor sincera de teu coração, que deu um imenso alívio ao meu Coração; olha e consola-te»[22].

Concretamente, durante os momentos de oração, essa conexão afetiva nos levará a *olhar para Jesus*. Fechando os olhos ou fixando-os no Sacrário, de onde Ele realmente nos vê e nos ouve, trataremos de imaginar seu rosto amabilíssimo e misericordioso. Convém recordar que não há nada em nós que Ele não conheça. Impressiona saber que nos olha com imenso carinho mesmo vendo todas e cada uma de nossas misérias. Isso é algo que incentiva muito a sinceridade. Quando falamos com outras pessoas, costumamos esconder certos aspectos de nossa interioridade. Com Ele, pelo contrário, isso não faz sentido. Ele só espera que reconheçamos humildemente cada pecado, defeito e ferida, pedindo ao mesmo tempo que nos perdoe, que nos ajude e que nos cure.

Depois de *olhar como nos olha Jesus*, tentaremos vislumbrar sua própria interioridade: pediremos luzes para perceber esses gozos e pesares que seu Sagrado Coração

---

[22] Santa Faustina Kowalska, *Diário*, n. 445.

abriga; como consequência, renovaremos o propósito de realizar todas as nossas ações com o objetivo de lhe aportar alegrias. Definitivamente, olhar o Senhor talvez seja a maneira mais simples e profunda de orar. É inesquecível a famosa anedota do paroquiano que entrava para rezar toda manhã na igreja de São João Maria Vianney: «"Eu olho para Ele e Ele olha para mim", dizia ao santo cura um camponês de Ars que orava diante do Sacrário»[23].

Oração e contemplação

O itinerário da vida espiritual decorre desde a empatia por Cristo até a contemplação da vida trinitária. No plano inclinado de nossa santificação, a qualidade do trato com o Senhor melhora de modo progressivo. Segundo São Josemaria, «a senda que conduz à santidade é senda de oração; e a oração deve vingar pouco a pouco na alma, como a pequena semente que se converterá mais tarde em árvore frondosa»[24]. Vamos de menos para mais. «Começamos com orações vocais, que muitos de nós repetimos quando crianças»[25]. Depois nos exercitamos na oração mental, até que chega um momento no qual, com verdadeira *oração de quietude*, não cessamos de contemplar a vida íntima de Deus. Então, além de louvar e adorar a unidade das três Pessoas divinas, aprenderemos a tratá-las por separado, distinguindo cada uma.

Existem, pois, diversos tipos de oração. *Contemplar* é mais perfeito que *rezar* uma prece ou que *orar* meditando

---

23 *Catecismo da Igreja Católica*, n. 2715.
24 «Rumo à santidade», em *Amigos de Deus*, n. 295.
25 *Ibidem*, n. 296.

determinado texto. A particularidade da contemplação está em que nela não desponta o esforço da inteligência. Se, para contemplar, devêssemos confabular, não seria possível ser contemplativos em meio a nossos afãs diários. «Não se pode meditar sempre; mas pode-se entrar sempre em contemplação, independentemente das condições de saúde, trabalho ou afetividade»[26]. Contemplar consiste em *amar olhando* e em *olhar amando* a Quem nos olha amorosamente sem descanso. E, quando se intuir o amor com o qual Deus nos olha, já não será preciso dizer nada: «Sobram as palavras, porque a língua não consegue expressar-se; começa a serenar-se a inteligência. Não se raciocina, fita-se! E a alma rompe outra vez a cantar com um cântico novo, porque se sente e se sabe também fitada amorosamente por Deus, em todos os momentos»[27].

Seguindo o exemplo do fundador do Opus Dei, é possível viver como *contemplativos no meio do mundo*. As conversações íntimas com o Senhor na oração vão gravando na *retina de nossa alma* seu olhar amoroso, de modo que se intensifica a consciência de estar em sua presença ao longo de todo o dia. Deste modo, em perfeita *unidade de vida*, aprendemos a materializar o amor a Deus e aos demais por meio das diversas vicissitudes cotidianas. Aprende-se, por exemplo, a realizar o trabalho profissional com a maior perfeição possível, por uma dupla razão de caridade: para oferecê-lo ao Senhor como presente e para servir melhor ao próximo.

Os autores clássicos distinguiam três fases na vida espiritual: a *via purgativa*, centrada na purificação interior; a

---

26 *Catecismo da Igreja Católica*, n. 2710.
27 «Rumo à santidade», em *Amigos de Deus*, n. 307.

via iluminativa, marcada pelas luzes do Espírito Santo; e a *via unitiva*, que é a antessala do Céu. Ainda que não se possa oprimir a ação da graça em fórmulas rígidas e cada história de amor seja única, esse esquema pode orientar nossas reflexões.

Ao comunicar seus dons, Deus é menos seletivo do que se poderia pensar à primeira vista. São poucos os que alcançam os píncaros da vida contemplativa, e isso se deve à falta de correspondência à graça. Precisa-se de toda uma *purificação interior*, a qual exige docilidade às moções do Espírito Santo, generosidade no sacrifício voluntário e fortaleza diante da purgação passiva. «Não esqueçamos — diz São Josemaria — que estar com Jesus é, certamente, topar com a sua Cruz»[28]. Não muitos se deixam moldar sem esquivar-se dos testes que o Senhor permite. Assim explica São João da Cruz a escassez de pessoas contemplativas: «Não é porque Deus quer que haja poucos destes espíritos elevados, pois antes gostaria que todos fossem perfeitos, mas porque encontra poucos vasos que sofram tão alta e sublime obra; pois, como os prova com pouco e encontra-os fracos — de sorte que logo fogem do trabalho, não querem sujeitar-se ao menor desconsolo e mortificação —, daí que, não achando-os fortes e fiéis nesse pouco que lhes tinha feito para começar a desbastá-los e escavar, percebe que serão muito menos no muito e não vai adiante no processo de purificá-los e levantá-los do pó da terra pelo trabalho da mortificação, para o qual é necessário maior constância e fortaleza do que demonstram»[29].

Há muito por purificar — tanto os sentidos como as potências da alma: a inteligência e a vontade. Em geral,

---
28 *Ibidem*, n. 301.
29 São João da Cruz, «Chama de amor viva», Canção 2, n. 27.

o mais difícil é vencer o orgulho. No humilde, o Espírito Santo faz maravilhas, pois o encontra receptivo a todos os seus dons. O total desprendimento da própria estima vai se assentando na alma à medida que aprendemos a olhar para nós mesmos com os olhos misericordiosos do Senhor. Como já tentei mostrar em meu último livro[30], essa transformação interior inunda a alma de paz e cumpre a mais maravilhosa das libertações. Não só melhora, ademais, a nossa relação com nós mesmos, mas também com os outros. A humilde autoestima de sabermo-nos tão amados purifica e enobrece todos os nossos amores.

Além dessa purificação interior, o progresso na vida contemplativa requer uma *atitude de incansável busca*. O Senhor é o que mais quer que avancemos, mas seu delicado respeito à liberdade leva-O a outorgar suas *luzes* aos que mais se esforçam para conhecê-lO. Como já vimos, o desejo de Deus, que se encontra implícito em todo ser humano, torna-se mais explícito e intenso à medida que intuímos a bondade divina. Quanto mais *palpamos* o amor de Deus, mais desejamos conhecê-lO melhor. Assim expressa São Josemaria: «Nasce uma sede de Deus, uma ânsia de compreender as suas lágrimas; de ver o seu sorriso, o seu rosto. [...] Corremos *"como o cervo que anseia pelas fontes das águas, assim por Vós anela a minha alma, ó meu Deus!"*; com sede, gretada a boca, ressequida. Queremos beber nesse manancial de água viva. Sem esquisitices, mergulhamos ao longo do dia nesse veio abundante e cristalino de frescas linfas que saltam até a vida eterna»[31]. A senda que conduz

---

30 Michel Esparza, *Amor e autoestima*, Quadrante, São Paulo, 2021.
31 «Rumo à santidade», em *Amigos de Deus*, nn. 310 e 307. Observe a forma elegante de ocultar-se que demonstra este santo ao relatar sua experiência, aludindo, antes, a duas passagens da Sagrada Escritura (cf. Sl 41, 2 e Jo 4, 14).

à mais alta contemplação decorre através de sucessivas ascensões. Observa-se nelas uma espécie de mecanismo de retroalimentação: cada progresso potencializa novos avanços. Quanto mais se deseja, mais se busca, mais se encontra e mais se ama. Santo Anselmo condensa este itinerário com esta prece: «Ensina-me como buscar-Te, porque não sei buscar-Te se não me ensinares, nem encontrar-Te se não Te mostrares a mim. Que eu Te busque em meu desejo, que Te deseje em minha busca, que Te busque amando-Te e que Te ame quando encontrar-Te»[32].

Não resisto a copiar umas eloquentes palavras de São Josemaria. São todo um compêndio da vida contemplativa e expressam com maestria a tensão de amor que experimenta uma pessoa que, vivendo no meio do mundo, chegou a um alto grau de intimidade com o Senhor: «Primeiro uma jaculatória, e depois outra, e mais outra..., até que parece insuficiente esse fervor, porque as palavras se tornam pobres..., e se dá passagem à intimidade divina, num olhar para Deus sem descanso e sem cansaço. Vivemos então como cativos, como prisioneiros. Enquanto realizamos com a maior perfeição possível, dentro dos nossos erros e limitações, as tarefas próprias da nossa condição e do nosso ofício, a alma anseia por escapar-se. Vamos rumo a Deus, como o ferro atraído pela força do ímã»[33].

Perseverando na oração, também nos apaixonaremos pelo Senhor à medida que Ele nos for concedendo suas luzes. Houve um tempo em que, entre os especialistas em vida espiritual, debatia-se a relação entre o empenho humano (*ascética*) e a iniciativa divina (*mística*). São Josemaria supera assim a

---

[32] Santo Anselmo, *Proslogion*, 1, 97-100.
[33] «Rumo à santidade», em *Amigos de Deus*, n. 296.

questão: «Ascética? Mística? Não me preocupo com isso. Seja o que for, ascética ou mística, que importa? É mercê de Deus. Se tu procuras meditar, o Senhor não te negará a sua assistência»[34]. De fato, Deus costuma bendizer com suas luzes nosso empenho por cuidar de cada momento de oração, mas também é possível que recebamos sua inspiração sem que haja esforço algum de nossa parte. O converso alemão Helmut Laun recebeu uma dessas iluminações inesperadas. De repente, entendeu com profundidade o mistério da *Igreja Católica*. Compreendeu sua grandeza contemplando o estado glorioso que terá no Céu quando completo o número de bem-aventurados. Não encontra palavras para descrevê-la, mas ainda assim tenta, nestes termos: «Tudo o que eu tinha lido sobre a Igreja Católica, una e santa, antes de minha conversão estava completamente certo, mas era apenas uma sombra se comparado com a deslumbrante beleza sobrenatural da Igreja triunfante! Nem mesmo um milhão de palavras cuidadosamente escolhidas poderiam descrever a visão que teremos da Igreja de Cristo em sua última e plena realidade — num só olhar, na outra vida, quando estivermos contemplando a bondade e a sabedoria de Deus. O que inumeráveis santos disseram da Igreja é, sem dúvida, certo. Uma realidade inexpressivelmente gloriosa»[35].

As luzes que mais nos ajudam a progredir no caminho da união com Deus estão ligadas à inabitação da Santíssima Trindade em nossa alma. Em geral, ao meditar sobre o mistério trinitário, agradecemos a Deus que sua grandeza não caiba em nossa pequena cabeça, mas em algumas ocasiões nos enchemos de gozo ao receber alguma centelha de luz.

---

34 *Ibidem*, n. 308.
35 H. Laun, *Cómo encontre a Dios*, Rialp, Madri, 1984. p. 163.

«O coração sente então a necessidade — testemunha São Josemaria — distinguir e adorar cada uma das pessoas divinas. De certo modo, é uma descoberta que a alma faz na vida sobrenatural, como as de uma criancinha que vai abrindo os olhos à existência. E entretém-se amorosamente com o Pai e com o Filho e com o Espírito Santo; e submete-se facilmente à atividade do Paráclito vivificador, que se nos entrega sem o merecermos: os dons e as virtudes sobrenaturais!»[36].

Já que somos chamados a participar dessa vida divina, adentremos a contemplação da *beatitude celestial*. No Céu, graças à *visão beatífica*, viveremos plenamente no que já está acontecendo nestes momentos, mesmo que de modo velado: em nossa alma em graça inabitada pela Trindade, o Pai está nos amando no Espírito Santo como a filhos no Filho.

Contemplar imaginando o Céu

Imaginar o Céu é um grande estímulo para a nossa esperança. Vivemos, como reza a liturgia, «esperando a gloriosa vinda de Nosso Senhor Jesus Cristo». Estamos só de passagem, e é lógico que o pensamento nos escape em direção a essa meta definitiva na qual nos espera a Pessoa que mais e melhor nos ama. Se A amamos com loucura, desejamos ardentemente a união definitiva com Ela.

Tratemos de fazer uma ideia do Céu, uma vez que não podemos desejar o que sequer imaginamos. Nessa tarefa, não nos ajudam esses autores que o descrevem como algo tedioso e pouco atrativo. Louis de Wohl, especialista em

---

[36] «Rumo à santidade», em *Amigos de Deus*, n. 306.

inteligência de guerra, comenta com ironia: «O homem que inventou o céu das nuvenzinhas, da música de harpas e cânticos incessantes, sem dúvida estava muito inspirado. Mas não pelo céu. Essa é uma das obras mais nocivas da propaganda infernal. Como não era possível qualificar o céu de *mau*, ele foi descrito como algo bastante tedioso. E o ministério da propaganda satânica teve aqui a colaboração de uma falha de nossa natureza humana. Temos muito mais facilidade para imaginar o inferno do que o céu. [...] Será possível que o mau nos seja mais familiar do que o bom? Este seria um pensamento bastante alarmante. A quantas piadas idiotas teria dado origem essa imagem deformada do céu! Continuamente ouvimos dizer que o inferno deve ser muito mais divertido, pois ali certamente estarão todas as pessoas interessantes, enquanto no céu só estão as pessoas honradas, os meninos e as meninas exemplares e repugnantemente tediosos que cantam em corais e tocam harpas»[37].

A bem-aventurança não vem apenas da contemplação de Deus; comporta também aspectos humanos. Em Cristo, Deus se fez homem sem desmerecer sua divindade. Assim também nós seremos divinizados sem nos desumanizar. Nossos corpos ressuscitarão adquirindo um estado espiritualizado, mas não desmaterializado. Por isso, toda realidade humana nobre terá o seu equivalente no Céu. Ali viveremos em família com o resto dos bem-aventurados. Além de amar a Deus, amaremos também cada um deles ainda mais e melhor do que jamais amamos na terra. Consequentemente, como recorda São Tomás de Aquino, cada

---

[37] L. de Wohl, *Adán, Eva y el mono, op. cit.*, pp. 43-44.

alegria alheia se fará também própria[38]. Para imaginá-lo, teríamos de multiplicar esse gozo pelo enorme número de bem-aventurados.

Deixemos de lado esses aspectos *humanos* do Céu e concentremo-nos em nossa participação na vida íntima de Deus. O testemunho de São Paulo é eloquente: «Coisas que os olhos não viram, nem os ouvidos ouviram, nem o coração humano imaginou, tais são os bens que Deus tem preparado para aqueles que o amam»[39]. Como será o gozo que se deriva de conhecer e amar a Deus como Ele nos conhece e nos ama[40]? Já sabemos que o divino não é de todo inimaginável em virtude de sua analogia com o humano. Com efeito, o amor humano de alta qualidade é nossa melhor fonte de inspiração.

O segredo da felicidade, tanto no amor humano como no divino, reside sobretudo na qualidade da intenção dos amantes. Só o amor de Deus, que de nada carece, é totalmente *gratuito*. São Bernardo descreve essa inigualável perfeição nos seguintes termos: «O amor subsiste por si mesmo, agrada por si mesmo e por causa de si mesmo. Ele próprio é para si o mérito e o prêmio. O amor não busca outro motivo nem outro fruto fora de si; o seu fruto consiste na sua prática. Amo porque amo; amo para amar»[41]. Nós não chegamos a tanto: aspiramos a uma *retidão de intenção*. Em que consiste? A interioridade é complexa. Um mesmo ato pode ser inspirado por diversas razões. Elas são adequadas na medida em que não se coloca o próprio proveito à frente do bem da

---

[38] Cf. São Tomás de Aquino, *Collatio super 'Credo in Deum'*, art. 12, em *Opuscula theologica 2*, Turim, 1954. p. 217.
[39] 1 Cor 2, 9; Cf. Is 64, 4.
[40] Cf. 1 Cor 13, 12 e 1 Jo 3, 2.
[41] São Bernardo de Claraval, *Sobre o Cântico dos Cânticos*, n. 83, 4.

pessoa amada. Não é desinteressado quem dá para receber algo em troca. *Amar* é o contrário de *utilizar*. É vontade de *pertencer*, não de *possuir*. Graças à nossa limitação, nossa motivação nunca é de todo altruísta. Podemos abrigar *intenções sinceras* se evitamos todo engano consciente. O grau de desinteresse em nossos atos aumenta à medida que nos aperfeiçoamos. A graça e a boa vontade mitigam progressivamente esse egoísmo e esse amor-próprio que obscurecem as nossas intenções.

Duas pessoas unidas por um amor altamente desinteressado experimentam uma felicidade difícil de descrever. Sua entrega recíproca produz uma surpreendente *espiral de felicidade*, que as mergulha em um gozo inesperado capaz de pressagiar a beatitude divina. Na medida em que não buscam o próprio proveito, a alegria que almejam, por assim dizer, *retorna* de um para o outro. Nesta vida, essa interação é muito limitada. No melhor dos casos, a felicidade *retorna* no máximo um par de vezes. Em um matrimônio ideal, se o marido leva um presente para sua mulher, a alegria dela também é a alegria dele. Por sua vez, essa doce surpresa repercute também nela. E em tudo é assim. Se atiramos uma pedra na água, produzir-se-á um determinado número de círculos concêntricos. Se não houvesse fricção, os círculos continuariam se estendendo de modo indefinido, como quando se empurra um objeto para fora do espaço da gravidade. Algo assim deve suceder entre as Pessoas divinas por causa da infinita pureza de seu amor, mesmo que, em virtude de sua eterna perfeição, há que se descartar nelas qualquer tipo de sucessão ou mudança. Nos bem-aventurados, por sua vez, como afirmam alguns teólogos, dá-se uma crescente bem-aventurança: ao participar dessa plenitude de gozo divino, experimentam uma espiral perdurável de beatitude. Não podemos visualizar como seria multiplicar ao infinito a maior satisfação que já sentimos nesta vida, mas conhecemos ao menos que cifra se deve elevar ao infinito.

E isso não é tudo! Na hora de imaginar a inconcebível beatitude celestial, à *máxima pureza* do amor divino podemos acrescentar seis novos elementos:

1. *Infinita sabedoria* (conheceremos até o último porquê).
2. *Plena correspondência.*
3. *Eterna duração.*
4. *Plena compenetração* (total ausência de mal-entendidos e desconfianças).
5. *Total ausência de preocupação em relação ao futuro da relação amorosa* (impossibilidade de competição ou traição).
6. *Infinita perfeição e beleza da pessoa amada.*

A propósito dessa beleza divina, afirma são Josemaria: «Considera o que há de mais formoso e grande na terra..., o que apraz ao entendimento e às outras potências..., o que é recreio da carne e dos sentidos... E o mundo, e os outros mundos que brilham na noite: o Universo inteiro. E isso, mais todas as loucuras do coração satisfeitas..., nada vale, é nada e menos que nada, ao lado deste Deus meu! — teu! —, tesouro infinito, pérola preciosíssima [...]»[42].

Diante de tantos aspectos, um gozo inexprimível se vislumbra. *Como será a experiência desse olhar-se amando* e *amar-se olhando* entre Deus e cada um dos bem-aventurados? Segundo São João da Cruz, Deus disse a alma: «Sou teu e para ti, e gosto de ser tal qual sou por ser teu e para

---

42 *Caminho*, n. 432.

dar-me a ti»[43]. Se lembramos que já agora estamos sendo amados como o seremos no Céu, será mais fácil vivermos como contemplativos no meio do mundo.

Uma vez esgotados os recursos da razão, ao intuir-se o inenarrável, «é preciso abrir espaço ao *casto silêncio* de que falava o Pseudo-Dionísio, a propósito dos nomes de Deus»[44]. Com efeito, a propósito do amor, chega um momento em que é melhor calar-se e vivê-lo! Quanto mais o vivemos, mais se acrescenta o desejo de consumar definitivamente nossa união com Deus no Céu. Se intuímos o que ali nos espera, dispomos de uma espécie de imagem congelada que, ao entrar na eternidade, se colocará em movimento. Entretanto, purifiquemos esses anseios recordando que Deus, por ser o que mais ama, é o que mais deseja essa infinita união.

De Maria, que costumava ponderar todas as coisas em seu coração[45], aprendemos a ser contemplativos no meio de nossos afãs cotidianos. Se, com a ajuda da graça, somos fiéis até o último arrebatamento de nossa vida, romper-se--ão os véus que escondem o Senhor e O veremos, por fim, face a face. O desconhecido sempre nos leva e nos traz algo inquietante. Mas, quando chegarmos ao Céu, em seguida nos sentiremos como em casa, posto que sairá a nos receber Nossa Mãe.

---

43 São João da Cruz, «Chama de amor viva», Canção 3, n. 6.
44 C. Cardona, *Metafísica del bien y del mal*, EUNSA, Pamplona, 1988, p. 131.
45 Cf. Lc 2, 19 e 51.

SEGUNDA PARTE: CORREDIMIR COM CRISTO

UMA DÍVIDA DE GRATIDÃO

Por que complicar a vida?

O ponto de encontro entre a nossa intimidade e a do Senhor, singularmente enriquecido por meio da oração, resulta espontaneamente em uma série de frutos ou consequências práticas. A empatia pelo Coração de Jesus impele à ação, ao sacrifício — em suma, *a complicar* a nossa existência, no sentido mais positivo da expressão. O batismo, ao nos converter em *outro Cristo*[1], nos capacita a participar ativamente em seu trabalho redentor. Nossa vida adquire, assim, um profundo sentido de missão, que nos leva a buscar todo tipo de ocasiões para manifestar com obras o nosso amor por Ele e ajudá-lO a salvar almas.

É um fato, no entanto, que muitas vezes o Senhor não se encontra entre as razões que movem a vida do cristão. Parece um grande esquecido. Muitas pessoas de fé apresentam inúmeras razões, a maioria pessoais, para defender a prática religiosa, mas em raras ocasiões trazem à tona a razão do amor, que é o principal motor para *complicar* a existência. Insistem em questões como o esmero na vida de piedade, que ajuda a não negligenciá-la com o passar dos anos, que ajuda a ser mais feliz, a vencer mais facilmente

---

[1] Cf. Gl 2, 19-20. Ver também Rm 6, 4 e Fl 2, 5.

o egoísmo — tratando assim melhor aos demais — e, em última instância, a assegurar a salvação eterna. Esquecem, no entanto, a outra dimensão: a consciência de que é o próprio Cristo o que mais precisa de nosso amor como forma de aliviar os pesares de seu Coração.

A aprendizagem da vida cristã transcorre em plano inclinado. A princípio costuma-se privilegiar as razões egocêntricas. Ao amadurecer, compreendemos que nada importa tanto quanto a relação de amor com o Senhor. Na catequese de iniciação cristã, seria preciso imitar a pedagogia empregada por Deus na Revelação: ensinar, primeiro, as verdades básicas do Antigo Testamento e completá-las, depois, com a verdade plena do Evangelho, que se encontra no amor.

À medida que aumenta a empatia por Cristo, chega um momento no qual tudo o que se faz parece pouco. A intensidade com que os santos vivem é o melhor modo de exemplificá-lo. Não poupam sacrifícios com a intenção de dar alegrias ao Senhor e ajudá-lO a salvar almas. Os exemplos são inúmeros. Lembremos de Santa Teresa, pregando sem cessar de um lado para o outro e fundando conventos, com os transtornos próprios dos meios de transporte do século XVI. Ou de Santo Antônio Maria Claret, que, em 63 anos de vida, pregou dez mil sermões e escreveu mais de duzentos livros. Dele conta-se que, só nos sete anos em que foi bispo em Cuba, administrou o sacramento da confirmação a trezentas mil pessoas e ainda celebrou trinta mil matrimônios. Sem dúvida, Deus dotou esses santos de excepcionais talentos humanos, mas isso não explica suficientemente sua incansável atividade. Seu zelo apostólico tem suas raízes no amor ao Senhor. Como São Paulo, sentiam-se sobretudo premiados pelo amor de Cristo[2].

Para que decidamos *complicar* as nossas vidas por estas mesmas razões dos santos, é preciso que amemos ao Senhor com loucura. De forma geral, há dois caminhos para chegar a amar alguém: o *agradecimento* ao experimentar sua bondade e a *compaixão* ao vê-la sofrer. A cabeça entende mais de gratidão, enquanto o coração se compadece facilmente ao conhecer as penas alheias, aguçando a inteligência para buscar os meios de remediá-las e impulsionando a vontade para colocá-los em ação. Em nossa correspondência ao amor de Cristo, a princípio nos move sobretudo constatar que ninguém como Ele merece tanto a nossa entrega: amor com amor se paga. Com o tempo, a sintonia afetiva com sua Humanidade Santíssima vai queimando nossas entranhas com uma urgência inadiável de aliviar os pesares de seu Coração.

Contamos, pois, com dois motores que estimulam a nossa generosidade. Qual dos dois é mais potente: o agradecimento a Jesus pelo muito que nos ama ou a compaixão por seu Sagrado Coração? Na prática, nota-se que a gratidão não costuma ser suficiente para amar ao Senhor com loucura. Para agradecer seu amor, talvez estejamos dispostos a rezar com frequência, a acudir pontualmente aos sacramentos ou a cuidar de nossa formação religiosa. Tudo isso é muito, mas não é suficiente. Os santos vão bem além: mesmo quando estão deixando tudo para trás, até a própria pele, tudo ainda lhes segue parecendo pouco. Por quê? Sem dúvida, não agem por perfeccionismo, nem unicamente por gratidão. O que motiva esse heroico empenho é a empatia pelo Coração dolo-

---

2 Cf. 2 Cor 5, 14.

rido de Cristo e, consequentemente, a urgência de aliviar seus pesares. A certeza de poder suavizar os seus padecimentos redentores estimula com maior força sua generosidade. Os motivos de compaixão que as feridas do Coração de Cristo inspiram acabam por ser mais imperiosos do que os motivos que provêm da simples gratidão.

Eis aqui, portanto, o itinerário que seguiremos: em primeiro lugar, consideraremos os motivos de gratidão diante do amor que o Senhor nos ofertou; em seguida, nos aprofundaremos na urgência de corredimir com Cristo.

Agradecer o amor

O amor é o dom *gratuito* por excelência. Pode-se agradecer qualquer presente, mas nada é tão apropriado como *agradecer* o amor recebido. Daí que considerar os diversos caminhos através dos quais Deus nos manifesta seu amor gere uma gratidão que pede correspondência. A oração nos ajuda ter consciência do muito que o Senhor fez e segue fazendo a cada um de nós. Percebemos, por exemplo, como sua Providência amorosa dispôs diligentemente todas as circunstâncias de nossa vida para que confluam para o nosso bem maior. Ou impressiona-nos considerar essas loucuras de amor que rodeiam a Encarnação, vendo um Deus completamente «humilhado, feito escravo, aniquilado sob a forma de servo no curral onde quis nascer, na oficina de José, na Paixão e na morte ignominiosa..., e na loucura de Amor da Sagrada Eucaristia»[3]. Se *tateamos* esse amor, chega um momento

---
[3] *Caminho*, n. 432.

no qual sempre nos parece pouco tudo o que fazemos pelo Senhor. E já não nos movem tanto aqueles motivos egocêntricos do início. Queremos, acima de tudo, corresponder o amor com amor. Que certeiro este famoso soneto anônimo do século XVI:

> Não me move, meu Deus, para querer-te
> o céu que me hás um dia prometido,
> e nem me move o inferno tão temido
> para deixar por isso de ofender-te.
> Tu me moves, Senhor, move-me o ver-te
> cravado numa cruz e escarnecido;
> move-me ver teu corpo tão ferido;
> movem-me o insulto e a vida que perdeste.
> Move-me teu amor, de tal maneira,
> enfim, que sem céu ainda te amara
> e a não haver inferno te temera.
> Nada me tens que dar porque te queira.
> E se o que ouso esperar não esperara,
> o mesmo que te quero te quisera.[4]

Meditemos uma a uma as mercês que recebemos de Deus. À margem dos dons que nos concedeu — seja uma vocação particular ou uma determinada atitude —, o Senhor nos criou e redimiu a todos igualmente. Poderíamos fazer toda uma reunião dos dons que derivam dessas duas realidades: dEle recebemos a vida, a alma imortal, a inteligência e a liberdade; a revelação e a fé; a Igreja. A lista dos dons da graça seria interminável: a efusão do Espírito Santo e sua

---
4 Tradução de Manuel Bandeira.

inabitação em nossa alma, a filiação divina e a perspectiva da salvação eterna, os sacramentos, o perdão dos pecados e a cura de nosso egoísmo, a presença silenciosa mas real em cada Sacrário, a possibilidade de presenciar e de participar na obra redentora cada vez que assistimos à Santa Missa, a comunhão eucarística, a misericórdia e o afeto humano de seu Sacratíssimo Coração... O último presente de Jesus, na Cruz, foi sua Mãe.

Gratidão pela Igreja e por Maria

Dessa longa lista de presentes divinos, vale a pena destacar o imenso dom que é a *Igreja*, sobretudo nestes momentos nos quais sofre tantos ataques. Trata-se de uma família ao mesmo tempo divina e humana. É divina pois os seus membros estão intimamente unidos por laços sobrenaturais, e é humana na medida em que prolonga o lar mais maravilhoso que já existiu: o de Jesus, Maria e José em Nazaré.

Acreditamos na Igreja pela mesma razão que nos unimos às demais verdades infalivelmente reveladas pelo Filho de Deus. Devemos agradecer muito a existência desta família porque, por meio dela, Cristo nos garantiu segurança na doutrina[5]. Não prometeu ao Santo Padre, seu vigário na terra, infalibilidade de *conduta*, mas de *doutrina*. Dos três ministérios confiados à Igreja — ensinar, santificar e reger —, Jesus Cristo assegura a eficácia dos dois primeiros: não há erro possível nos dogmas e está assegurada a eficácia dos sacramentos validamente administrados. Por outro lado, na hora de organizar a vida eclesial, é possível melhorar tudo.

---

5 Mt 16, 18-19. Sobre essa potestade delegada, ver também: Lc 22, 31-32; Jo 21, 15-17; e 1 Cor 4, 2.

Para apreciar o grande dom que é a Igreja, temos de transcender o visível e nos concentrar no essencial. Ao receber um sacramento, por exemplo, pouco importa a imperfeição do sacerdote que o administre, pois sabemos que é Jesus Cristo mesmo quem no-lo confere. Da mesma forma, posto que a Igreja é o Corpo Místico de Cristo, não duvidamos de sua santidade diante das evidentes misérias de alguns católicos, pois recordamos que sua *cabeça* é Jesus Cristo, sua *alma* é o Espírito Santo e que a maior parte de seus membros é composta de santos que já estão no Céu. Sem dúvida doem-nos os pecados próprios e alheios, mais ainda se nos sintonizamos com a dor que provocam no Coração de Jesus; porém, isso não esfria o nosso fervor e carinho por aquela que amamos como a uma mãe.

«A Igreja — diz São Josemaria —, que é divina, é também humana, porque é formada por homens e nós, os homens, temos defeitos [...]. Quando o Senhor permitir que venha à tona a fraqueza humana, a nossa reação há de ser a mesma que teríamos se víssemos a nossa mãe doente ou tratada com frieza: amá-la mais, ter para com ela mais manifestações externas e internas de carinho»[6]. Há quem, a partir de uma perspectiva idealista, inquieta-se demais ante as debilidades alheias, como se na terra fôssemos todos pecadores. Jesus Cristo, por sua vez, é muito realista. Justamente por nos conhecer bem, prega tanto a perfeição como a misericórdia, esperando de nós uma santidade que não é incompatível com a miséria reconhecida e combatida. Por isso escolheu São Pedro como primeiro Papa, fundando assim «a Igreja sobre covardias e arrependimentos»[7]. Desconhecer a realidade

---

[6] «Lealdade à Igreja», em *Amar a Igreja*, Quadrante, São Paulo, 2004, p. 21.
[7] J. M. Pemán, *La Pasión según Pemán*, Edibesa, Madri, 1996, p. 73.

da miséria humana «será sempre a tentação aparentemente angélica e radicalmente demoníaca da soberba. Cristo nos deixou seu brado de perfeição e essa adorável organização de cautelas, perdões e reparações à imperfeição que é a Igreja»[8].

A Igreja, a eficácia dos sacramentos e a maternidade de Maria são mistérios intimamente relacionados entre si porque têm sua origem no Gólgota, monte em que Cristo foi crucificado. Trata-se de graças que brotaram do lado aberto de Cristo na Cruz. Tanto a Eucaristia como Maria *formam* a família. Os membros desta família humana e sobrenatural que é a Igreja se alimentam do mesmo pão e sentam ao redor da mesma mesa; e somos irmãos de Jesus por ser ao mesmo tempo filhos de Deus e de Maria. Por isso escreve São Paulo que Deus Pai nos predestinou a sermos «conformes à imagem de seu Filho, a fim de que este seja o primogênito entre uma multidão de irmãos»[9].

Na Cruz, Jesus rogou à sua Mãe que nos acolhesse como filhos[10]. Ao aceitar, Maria se transformou em *Mãe da Igreja*. Não foi pouco o que pediu a Ela. Quis que nos acompanhasse com sua solicitude materna ao longo de nosso caminho ao Céu. E não só aos que vivemos agora, mas a todos os que virão à terra até o fim dos séculos. Pela vontade de Jesus, e graças também à amorosa aceitação de Maria, somos, pois, filhos da mais amável de todas as mães. Somos como crianças que vivem despreocupadas quando estão perto da mãe.

A gratidão estimula a entrega. Antes de morrer, Jesus não pediu só a Maria que nos recebesse como filhos. Na pessoa de João, quis também que nós a acolhêssemos como Mãe.

---

8 *Ibidem,* p. 74.
9 Rm 8, 29.
10 Cf. Jo 19, 27.

Isso envolve também cuidar dela com esmero, mostrando-lhe diariamente o nosso carinho com louvores e obras. Este conselho de São Josemaria é um bom resumo da vida cristã: «Não vás a Santa Maria só para pedir. Vai também para dar!: dar-lhe afeto, dar-lhe amor para o seu Filho divino, e para manifestar-lhe esse carinho com obras de serviço no trato com os outros, que são também seus filhos»[11].

---

11 *Forja*, n. 137.

CRIAÇÃO, PECADO E REDENÇÃO

Essa incômoda liberdade responsável

Antes de passarmos à corredenção com Cristo, convém indagar a origem do problema que Ele veio remediar, situando sua obra redentora na base do desígnio criador de Deus Pai. Ao nos perguntar por que há tanto mal no mundo e por que morreu Jesus Cristo na Cruz, deparamos com a realidade do pecado e da liberdade. Se não se aceitam as consequências que derivam do mau uso da liberdade, deixa de ter sentido o pecado e, portanto, também a Redenção. Quem não assume sua responsabilidade nem sequer se coloca as questões mais cruciais da existência: quem pode me salvar? Como obtenho o perdão de meus pecados? Que tenho de fazer para que não seja a justiça, mas a misericórdia divina, a ter a última palavra?

O primeiro obstáculo que a *nova evangelização* do Ocidente encontra está em que a maioria de seus destinatários não percebe que precisa ser redimida e salva. Por muitas razões, eles não têm consciência de que precisam ser curados de seu egoísmo e de que o que está em jogo segundo o uso que façam de sua liberdade nesta vida é toda a eternidade. Às vezes pesa nessa atitude a falta de formação religiosa; noutras ocasiões, certa anestesia na alma que impede de captar um eco de transcendência que esteja além do meramente sensorial ou de desvendá-lo em meio às preocupações cotidianas, tão inevitáveis como efêmeras. Falar nessas circunstâncias das promessas eternas de Cristo é como se empenhar em vender um produto a quem não sabe que de que necessita. E se tentamos tirá-los de sua agnóstica indiferença falando-lhes de Céu, com frequência respondem: «Se existe, sem dúvida o mereço, pois não faço mal a ninguém», sem se dar conta de que o *mal* é sobretudo a ausência de *bem*. Se vivesse em nossos dias, São Paulo lhes diria: «Não vos enganeis: de Deus não se zomba. O que o homem semeia, isso mesmo colherá»[1]. É decerto uma pena que não se deem conta da felicidade temporal e eterna que estão perdendo[2]. O que se pode fazer?

Diante disso, convém mostrar que as nossas decisões têm consequências. Qualquer esforço para fomentar o diálogo entre razão e fé deve começar por esclarecer que somos seres éticos e, portanto, livres. Hoje em dia, fala-se muito em *liberdade* e muito pouco em *responsabilidade*. Para não ter de assumir as consequências de seus atos, muitos se escusam em uma espécie de *bonismo natural* que atribui a culpa do mal individual não à pessoa, mas às carências genéticas, educativas ou sociais; alguns se atrevem inclusive a culpar Deus pelo mal do mundo.

Um modo concreto de opor-se a essa *cultura da irresponsabilidade* consiste em evidenciar as suas contradições e incoerências. Vemos com frequência, por exemplo, que quem se ampara em postulados deterministas para fugir de sua própria responsabilidade muda radicalmente de opinião e

---
1 Gl 6, 7.
2 Como observa São Josemaria, a verdade é inseparável da alegria: «A felicidade do Céu é para os que sabem ser felizes na terra» (*Forja*, n. 1005).

discurso quando são eles mesmos os prejudicados; nesse caso, não hesitam em reclamar para o culpável todo o peso e papel da justiça. Reconheçamo-lo ou não, no fundo todos sabemos que, na medida em que somos livres, somos responsáveis. Daí que, ao julgar uma ação reprovável, perguntamo-nos se o sujeito que a cometeu *realmente teve escolha*.

O realismo nos leva, pois, a atribuir à liberdade o protagonismo que existe em nossos atos, sem esquecer que, mesmo com tantos condicionantes no mundo, somos cada um de nós quem decide as coisas. Ninguém duvida, por exemplo, da grande influência da educação, mas seria absurdo amparar-se nela para atenuar o peso da própria vontade na hora de agir. No fim das contas, sem liberdade seríamos como animais, de comportamento sempre previsível. Mas não é assim. Ao contrário, como explica um sobrevivente de Auschwitz, o ser humano, inclusive nas condições mais extremas, «é, em última instância, seu próprio determinante»[3].

Reconhecer a existência da liberdade responsável permite reconhecer outras realidades igualmente inegáveis: o mérito e a culpa, a justiça, o juízo, a recompensa e a pena. A rigor, cada ação boa ou má tem suas consequências. Por sua vez, essas verdades naturais facilitam a compreensão da doutrina cristã, que nos ensina que «teremos de comparecer diante do tribunal de Cristo. Ali cada um receberá o que mereceu, conforme o bem ou o mal que tiver feito enquanto estava no corpo»[4]. Só Deus conhece o grau exato da liberdade em cada ato humano. Por isso, convém que só Ele nos julgue.

Se todos sabemos que somos livres, como chegamos ao ponto de negar o evidente? Essa atitude esconde, em muitas

---

3 V. Frankl. *El hombre em busca de sentido*, Herder, Barcelona, 1989, p. 128.
4 2 Cor 5, 10.

ocasiões, o desejo de justificar a própria fraqueza ou a falta de coerência pessoal daqueles que deixaram de viver como pensavam porque era mais conveniente pensar como viviam. Pouco a pouco, esse *autoengano* nos afasta da verdade. A tendência a não reconhecer os próprios erros, para o que é preciso uma boa dose de humildade e honestidade, se aperfeiçoou nos últimos anos pelo desconhecimento do amor de Deus. Trata-se também, portanto, de um problema de falta de formação; se se desconhece o quanto encanta ao Senhor perdoar os pecados, sobram apenas duas alternativas: reconhecê-los e deprimir-se ou enganar-se a si mesmo.

A via do *autoengano isolado* estende-se também ao plano social, dando lugar a uma espécie de *inconsciência coletiva*. A *vida* influi nas *ideias* e estas, por sua vez, conformam a cultura e se estampam nas *leis*. O obscurecimento da consciência afeta os pontos mais vulneráveis de nossa conduta moral, como a sexualidade, e acaba contaminando valores éticos essenciais. Pense, por exemplo, na permissividade legalizada em relação ao aborto, a qual parece a tolerância que houve em alguns países até o século XIX com o comércio de escravos. Essas máculas só desaparecem quando termina a *distorção da razão* que o autoengano traz consigo[5].

Por desgraça, nota-se em muitos cristãos o influxo desse ambiente cultural que fomenta a irresponsabilidade. Desconsola constatar que não costumam parar para pensar nas consequências últimas de suas decisões, mais preocupados por contratar um seguro de vida do que por fugirem às realidades eternas. Muitos sacerdotes inclusive evitam falar

---

5 Como afirmou Bento XVI no Parlamento britânico, «depois de tudo, tal abuso da razão foi o que provocou o tráfico de escravos» (Discurso no Westminster Hall, de 17 de setembro de 2010).

claramente sobre estas questões. Nos funerais, por exemplo, costuma-se realçar, de forma mais ou menos estereotipada, a esperança na Ressurreição, mas se omitem as chamadas à conversão que tanto abundam no Evangelho[6]. Quem só acode à igreja nessas ocasiões pode pensar que a salvação é automática. Urge, pois, anunciar toda a verdade, mesmo que doa. A verdadeira caridade deve ser feita de modo afável, mas claro. E «os cristãos devemos ser duros de cabeça e ternos de coração»[7].

Conhecer de antemão a verdade nos torna realistas. Os que não encaram as implicações eternas de seus atos teriam de refletir e perceber duas coisas: que é preciso pedir perdão pelos pecados para que a *misericórdia* de Deus possa ter a última palavra e que, principalmente, a *justiça* sempre tem algo a dizer, porque, como diz São Paulo, «aquele que semeia pouco, pouco ceifará. Aquele que semeia em profusão, em profusão ceifará»[8]. Em virtude da misericórdia, se alguém se confessa no último minuto de sua vida, se lhe perdoarão seus pecados; Porém, necessitará fazer penitência no Purgatório para aprender, entre outras coisas, a se arrepender unicamente pelo amor a Deus. Depois, posto que é de justiça que o modo como se vive na terra configure a eternidade, receberá um Céu na medida de seus méritos. Daí a importância de aproveitar bem o tempo.

Os santos nos ensinam que o que mais deveria estimular nossa generosidade é a *compaixão* pelo Coração de Jesus, mas sem esquecer o *sentido de responsabilidade*. «Tenho

---
6 Cf., por exemplo, Mt 7, 21 ou Mt 24, 42-51.
7 Dizia o pensador francês Jacques Maritain (em V. Messori, *Por qué creo, op. cit.*, p. 354).
8 2 Cor 9, 6.

de prestar contas a Deus do que fiz — costumava dizer São Josemaria —, e desejo ardentemente salvar minha alma»[9]. Obviar a lógica da justiça revela inconsciência ou temeridade: não há que se temer a Deus, mas a si mesmo. A parábola dos talentos[10] é inquietante e consoladora: receberemos segundo o que demos e nos será pedido conforme as nossas possibilidades — nem mais, nem menos. De todo modo, não levemos em conta apenas o dano que nos causa o pecado. Consideremos também que ao Senhor lhe dói tanto quanto nos ama. Se O amamos, não perderemos de vista esse outro lado da moeda.

O plano criador e a dor de Deus

Cada decisão moral ao longo da vida nos aproxima ou nos afasta da melhor felicidade. De modo concreto, o pecado sempre prejudica aquele que o comete: o desamor «afasta o homem de Deus, e o afasta também de si mesmo e dos outros»[11]. O pecador não é, pois, o único prejudicado. Também são aqueles que mais o amam e as possíveis vítimas desse desarranjo moral. As consequências não são banais. Deixando de lado a soma dos sofrimentos cotidianos que nunca saem nos jornais, estremece pensar, por exemplo, nos milhões de pessoas que morreram no século XX com o extermínio nazista ou sob o terror comunista. Só na Ucrânia, para citarmos um exemplo pouco conhecido, Stálin deixou morrerem de fome sete milhões de inocentes no inverno de 1932-1933,

---

9 Em A. Vásquez de Prada, *El fundador del Opus Dei*, Rialp, Madri, 1983, p. 232.
10 Mt 25, 14-30.
11 João Paulo II, *Dies Domini*, n. 63.

os quais se somaram aos outros onze milhões fuzilados em quatro anos, entre 1937 e 1941. Há exemplos mais recentes, como o de quase dois milhões de cambojanos (20% da população) massacrados entre 1975 e 1979 sob a ditadura do khmer vermelho. São números estarrecedores, que convidam a pensar na origem última de tanta miséria ou a se perguntar por que Deus criou um mundo no qual podem ocorrer tais atrocidades. Sem a criação não existiria o mal; por isso, alguns dizem que Deus *cocriou*. No entanto, fazendo um balanço, deve ter valido a pena, já que, sem a criação, também não existiria o bem. Seria injusto que, por culpa dos que empregam mal sua liberdade, outros muitos não recebessem o dom da vida e da salvação eterna. Em todo caso, culpar a Deus enquanto se exime da própria responsabilidade revela uma atitude egoísta e desrespeitosa com o Criador, uma postura ao mesmo tempo ingrata e injusta, uma vez que é Ele quem mais sofre pelos males cometidos por nossos pecados. Não obstante, admitir que a criação valeu a pena não deslegitima a tentativa de compreender as razões dessas más ações.

Nunca entenderemos o mistério do mal em toda a sua profundidade[12]. Sabemos, no entanto, que o amor é a única razão pela qual Deus nos tirou do nada. No mesmo ato criador e amoroso, Deus escolhe nos dar a vida para que possamos participar de sua bem-aventurança. Mas essa

---

12 Ocupamo-nos sobretudo da origem do *mal moral*, proveniente do mau emprego da liberdade por parte dos seres humanos e dos anjos caídos (demônios), que introduziu e segue introduzindo sofrimento no mundo. Deixamos de lado o *mal ontológico*: essa limitação da criatura, em comparação com Deus, que é inerente ao feito de criar. Deus não poderia ter nos feito mais perfeitos, como os anjos, mas também eles têm livre-arbítrio, e quando empregaram mal sua liberdade deram lugar ao maior sofrimento e dor possível. Também não nos ocupamos do *mal físico*, essa deterioração do mundo material misteriosamente introduzido pelo primeiro pecado, que nos trouxe doenças e desastres naturais.

felicidade, estando ligada ao amor, requer uma liberdade que, como uma faca de dois gumes, presta-se ao melhor e ao pior. O mal surge assim. Deus não o quer. Apenas o tolera para que possam existir seres capazes de se converter em filhos que recebem, livremente, todo o amor de seu Pai. Isso é primordial. O universo visível é acidental: mera decoração na qual habitar. Ao criá-lo com tanta infinidade, Deus nos revela sua infinita onipotência e facilita nosso louvor. Mas para Ele cada um de nós vale mais do que o resto do universo. Somos a «única criatura sobre a terra a ser querida por Deus por si mesma»[13].

Deus decidiu criar-nos assumindo plenamente o risco de nossa liberdade, ainda sendo consciente de que não teria como voltar atrás e de que, em caso de desvio, Ele seria a principal vítima do dom que concedia. «Em certo sentido — afirmou João Paulo II — pode-se dizer que, *diante da liberdade humana, Deus quis fazer-se impotente*. [...] Ele permanece coerente diante de um dom semelhante»[14]. Assim, «a misteriosa grandeza da liberdade pessoal está em que o próprio Deus se detém diante dela e a respeita»[15]. Nossa liberdade é algo realmente assustador. Bento XVI fala inclusive de «nossa onipotência ao revés», posto que «Deus não pode entrar em meu coração se não abro eu a porta»[16]. Deus não nos obriga a amá-lO porque é o mais delicado dos amantes. Espera nossa correspondência, mas sabe que o amor é algo que só se pode *exigir* a si mesmo. Pode-se *atrair*, mas não almejar o amor do outro. Não se

---

13 *Gaudium et spes*, n. 24.
14 João Paulo II, *Cruzando el umbral de la esperanza*, Plaza & Janés, Barcelona, 1994, p. 81.
15 Edith Stein, *Pensamiento*, Monte Carmelo, Burgos, 1999. p. 50.
16 Bento XVI, Mensagem «Urbi et Orbi» de 25 de dezembro de 2012.

adequar a essa regra básica é um dos erros mais frequentes em nossa vida familiar: «Desejar que o cônjuge ou os filhos mudem *porque eu digo* é pretensioso e absolutamente inútil»[17]. De qualquer modo, a *filiação divina* é a razão essencial da criação. A analogia com a paternidade humana nos permite intuir o desígnio divino. Mesmo que tenham muitos filhos os bons pais da terra, cada um conta com todo o seu carinho como se fosse o único. E se um deles vai pelo mau caminho, os pais sofrerão e não economizarão esforços para o ajudar. De forma semelhante, Deus se preocupa com cada um de nós em particular: diria até que só sabe ter *filhos únicos*. Um único e mesmo amor de pai o leva a nos criar e, em razão de nossos descaminhos, usar de todos os meios possíveis para que possamos nos salvar (Encarnação e Redenção). Não nos cria em série, mas nos dá, um a um, uma alma imortal. Mesmo que alguém fosse concebido por pais egoístas, não poderia dizer que sua presença no mundo não foi fruto do amor.

Deus é, em síntese, um pai que ama a cada um de seus filhos tanto quanto se ama a si mesmo. Por isso «mendiga o amor de sua criatura: tem sede do amor de cada um de nós»[18]. De algum modo, pois, sujeita-se a *sofrer*, porque amar «é se comprometer, é fazer-se vulnerável e indigente à espera de uma correspondência a essa entrega»[19]. Ao mencionar a *dor de Deus*, muitos pensam que se fala no sentido figurado. A princípio, algo lhes diz que um ser infinitamente perfeito não pode padecer. E têm razão, porque

---

17 U. Borghello, *Las crisis del amor,* Rialp, Madri, 2003. p. 167.
18 Bento XVI, Mensagem de 21 de novembro de 2006 para a Quaresma, Quaresma de 2007, n. 5.
19 G. Magro, *Los caminos de Dios en la tierra*, em «Scripta Theologica», n. 31, 1999. p. 521.

Deus é infinitamente feliz. É também impassível, pois afirmar que *sofre* não significa que *padece,* como é nosso caso quando experimentamos paixões. Contudo, é igualmente veraz que Deus ama infinitamente o homem, de modo que, como confirma a Sagrada Escritura[20], não pode permanecer indiferente diante de nossos pecados e dores. Isso significa que as nossas ofensas e sofrimentos O *afetarão* de algum modo, mesmo que de uma forma compatível com a infinita percepção de seu ser divino.

A *dor divina* é, pois, inefável, mas verdadeira. Não é fácil encontrar os termos apropriados para nos referir a esse insondável mistério. De qualquer forma, cabe aos teólogos descobrir essa linguagem precisa, ainda que também possamos empregar uma linguagem antropomórfica ou poética — mais imprecisa, mas que, de certo modo, também se aproxima da verdade, como quando afirmamos que o pecado dói a Deus como um espinho cravado no coração. Detenhamo-nos brevemente neste grande mistério, aprendendo com a atitude sumamente reverente com que abordaram esta delicada questão os últimos papas e alguns autores que citaremos a seguir.

Como é possível, pergunta-se Lewis, que cada um de nós seja «de algum modo necessitado e desejado pelo Ser que, fora desse ato, não precisa de nada, pois tem e é eternamente pleno de bondade?». O escritor inglês responde que Deus espera nosso amor porque «quer o nosso bem, e nosso bem é amá-lo»[21]. Nesse mesmo sentido, o Catecismo da Igreja recorre à seguinte frase de Santo Agostinho:

---

20 Cf Os, 11, 8 e 9; Mt 25, 34-35; 28-28; Lc 15, 11-32; At 9, 4, 22, 7-8.
21 C. S. Lewis, *El problema del dolor*, Rialp, Madri, 1994, p. 57 e 59.

Deus «tem sede de que tenhamos sede dEle»[22]. João Paulo II, ao perguntar-se como o pecado influencia a inescrutável interioridade divina, afirma com cautela: «A concepção de Deus como ser necessariamente perfeito exclui certamente de Deus toda a dor derivada de limitações ou feridas; mas, nas profundezas de Deus, dá-se um amor de pai que, diante do pecado do homem, segundo uma linguagem bíblica, reage ao ponto de exclamar: "Eu me arrependo de os haver criado"»[23]. Poderíamos dizer, definitivamente, que a Deus nada nem ninguém pode atar, exceto o seu amor. Portanto, de um modo misterioso mas real, esse amor comporta uma *indigência* que não implica imperfeição alguma[24]. Na verdade, que Deus seja essencialmente *impassível* não significa que seja *indiferente*. Como nos lembra Bento XVI, «a fé cristã mostrou-nos que Deus — a Verdade e o Amor em pessoa — quis sofrer por nós e conosco. Bernardo de Claraval cunhou esta frase maravilhosa: *Impassibilis est Deus, sed non incompassibilis* — Deus não pode padecer, mas pode-se compadecer»[25].

É totalmente possível que esses raciocínios não nos ajudem muito a cuidar da *dor* de Deus, mas isso não importa se estabelecermos uma clara diferença entre sua explicação *teórica* e sua vertente *prática*. Pois, no fundo, não é necessário

---

22 *Catecismo da Igreja Católica*, n. 2560; cf. Santo Agostinho, *Quaest* 64, 4.
23 João Paulo II, *Dominum et vivificantem*, n. 39. A citação bíblica é de Gn 6, 7.
24 Carlos Cardona assim o explica: posto que Deus «me ama e, intencionalmente, se identifica comigo, eu sou já seu *alter ego*, e meu mal se faz seu amor, de maneira que se poderá dizer com propriedade que a Deus *dói* meu pecado. E aquele que não entende isso nada entende de amor, nada sabe dessa transferência que o amor opera. Aquele que pensa que nossos pecados *não afetam* em nada a imutabilidade divina ignora a *mutabilidade eletiva*, a vulnerabilidade que o amor comporta. Deus, ao amar-me, fez-se vulnerável em mim» (*Metafísica del bien y del mal, op. cit.*, p. 125).
25 Bento XVI, *Spe salvi*, n. 39. Cf. também *Deus caritas est*, nn. 9-10. Costuma afirmar o Santo Padre que o amor de Deus não é só ágape, mas, em certo sentido, também *eros*, isto é, um «amor no qual se unem o dom gratuito de um e o desejo apaixonado da reciprocidade» (Mensagem de 21 de novembro de 2006, n. 5).

ser especialista em teologia para presumir as implicações que tem a dor divina: basta-nos saber que tudo o que imaginemos é pouco. Em todo caso, se pensamos bem, não é difícil romper em *ação de graças* diante de um Deus que de nada necessita, mas se faz tão vulnerável ao nos criar por amor. E da gratidão passamos à *compaixão* filial por esse Pai amantíssimo a quem tanto fazem sofrer as desgraças a que o pecado conduz.

Ninguém se compadece tanto dessa *dor de amor divino* como Jesus Cristo, que a remedia com a *dor de amor humano* de seu Coração: sua sintonia afetiva com Deus Pai é insuperável. Esta é a primeira razão a pulsar por trás do plano redentor: o Filho *consola* o Pai por todos os agravantes que recebe graças ao nosso desamor. Não somos capazes de entender o que vive um Ser infinito, mas o Verbo encarnado se nos faz acessível. Concretamente, a Paixão nos revela a magnitude do amor e da *dor* divina: Jesus, como nossa cabeça, quis reparar a Deus Pai, e fê-lo padecendo o máximo possível para que assim pudéssemos vislumbrar o quanto *afeta* o Pai cada pecado. Se somos bons filhos, nos alegrará saber que o Pai já recebe, há vinte e um séculos, o melhor dos consolos. No entanto, nossa inquietação aumenta se nos damos conta do pesar que isso comporta para o Coração de Jesus, se descobrimos que Ele não oferece unicamente a *dor física* de sua Paixão cruenta, mas também a *dor interior* que lhe infligem nossos pecados. Sentiremos, em síntese, a urgência de corredimir com Cristo, de aliviar esses pesares com os que dá consolo ao Pai e nos consegue a graça redentora do Espírito Santo.

O primeiro pecado e suas consequências

A necessidade da Redenção remonta aos primórdios da história. Os primeiros capítulos do livro do Gênesis, que, sem ser estritamente históricos, estão cheios de grande sabedoria e genialidade, nos contam que Deus fez com Adão e Eva algo parecido com o que fazem os pais na terra. Deu-lhes o melhor ambiente e a melhor educação. Eles viviam em um lugar idílico e desfrutavam do amor e da contínua intimidade de quem, com toda a confiança, já chamavam de Pai. Ele lhes ofereceu os melhores dons, tanto naturais (aguda inteligência, força de vontade e paixões perfeitamente ordenadas) como sobrenaturais (o *estado de graça,* que lhes constituía em filhos de Deus). Não sofriam dores físicas porque receberam também algumas qualidades excepcionais (os *dons preternaturais*), e sequer tinham de morrer: ao finalizar seus felizes dias na terra, passariam sem pena alguma à outra vida. Tudo estava primorosamente disposto para que não se desencaminhasse. Contudo, seguiam dispondo da liberdade e, sendo o único pecado possível a soberba, assim o fizeram.

De fato, Adão e Eva sucumbiram diante da «ideia de que podiam "ser como deuses", que podiam desenvolver-se por si sós, como se tivessem sido criados por si mesmos»[26]. Podemos imaginar o dilema. O demônio, maior dos especialistas em engano e desinformação, fazendo-se passar por alguém que não milita contra Deus, semeia de maneira certeira a dúvida em relação às intenções divinas. Com astúcia, inicia seu ataque perguntando à mulher: «É verdade

---
26 C. S. Lewis, *Mero cristianismo*, Rialp, Madri, 1995, p. 66.

que Deus vos proibiu comer do fruto de toda árvore do jardim?»[27]. Atraída sua atenção, sugere que a ameaça divina não podia ser real — que não se iria tudo por água abaixo: que, ainda que o Criador se pretendesse pai, no fundo desejava transformá-los em escravos. O demônio tergiversa as intenções do Criador, «colocando em xeque a verdade de Deus, que é Amor, e deixando só a consciência de amo e escravo. Assim, o Senhor se afigura como ávido por seu poder sobre o mundo e sobre o homem»[28].

A queda dos primeiros habitantes da terra deve ter sido algo dramático. Entraram em disputa com Deus, que lhes tinha pedido que guardassem um único mandamento: o de não comer «do fruto da árvore da ciência do bem e do mal»[29]. Essa única restrição lhe foi imposta para seu próprio bem: para que evitassem a autossuficiência. Se se deixassem amar por Deus, receberiam tudo de que necessitassem, mas, caso desobedecessem, as consequências seriam catastróficas: afligiriam imensamente a seu Pai, perderiam todos os dons preternaturais e sobrenaturais, prejudicariam irremediavelmente a si mesmos e transmitiriam esse lamentável estado a seus descendentes. E assim foi! Por isso chegamos a este mundo com nossa *natureza caída*. Deus nos criou para sermos felizes amando como Ele ama, mas nossa natureza se deteriorou por causa do obstáculo que deixou aquele primeiro pecado. Sentimos falta da dignidade perdida. Buscamo-la sem parar, raras vezes no lugar adequado. É possível dizer que se instalou em nós aquela soberba que provocou a queda original. O pecado original é, pois, um «dado obscuro mas

---
[27] Gn 3, 1.
[28] João Paulo II, *Cruzando el umbral de la esperanza*, op. cit., p. 221.
[29] Gn 2, 17.

real» que nos oferece «a verdadeira chave para interpretar a realidade»[30]. Se Deus não no-lo tivesse revelado, apenas com a razão não teríamos descoberto sua existência, mesmo que haja indícios que nos teriam permitido suspeitar dela[31]. Somos como águias incapazes de levantar voo por causa de uma traumática e antiga fratura. Guardamos ideais elevados, mas, na hora da verdade, os fatos mostram nossa debilidade. De todo modo, seria muito cômodo colocar toda a culpa no pecado original. Nossa natureza seguiu deteriorando por culpa dos pecados posteriores, mesmo que nenhum fosse tão consciente como o primeiro. A situação que herdamos faz com que nossos pecados tenham sempre certa dose de ignorância e debilidade. Por isso, nenhum pecado atual será tão culpável como o de nossos primeiros pais. Este se parece ao dos anjos caídos, essas criaturas de grande perfeição cujo pecado da soberba transformou-os em seres essencial e irremediavelmente malvados. Mas há uma grande diferença: por mais perfeitos que tenham sido Adão e Eva, continuavam sendo humanos, de modo que puderam se arrepender, pedir perdão e salvar-se.

Diante das terríveis consequências do primeiro pecado, surge inevitavelmente a pergunta: por que Deus não *apagou tudo e começou de novo*? Não teria sido o melhor modo de evitar tanta miséria posterior? O fato de não tê-lo feito corrobora o que já intuímos: que não somos *marionetes*

---

30 João Paulo II, *Cruzando el umbral de la esperanza*, op. cit., p. 221.
31 Segundo São Tomás de Aquino, «pode-se prová-lo com bastante probabilidade» (*Suma contra os gentios*, liv. IV, cap. LII). É como um quebra-cabeças a que falta uma peça, a qual, uma vez encontrada, a tudo completa e confere sentido. John Henry Newman, beatificado em 19 de setembro de 2010, apresenta o exemplo de um jovem mendigo no qual, quando observado de perto, são notados traços próprios de alguém que nasceu no seio de uma família abastada. Tudo faz pensar que algum tipo de calamidade lhe sucedeu em sua terna infância (cf. *Apologia pro vita sua*, Bran, Bussum, 1948, pp. 312-314).

dirigidas e que Deus é sempre coerente na hora de respeitar a nossa autonomia *até as últimas consequências*. Se alguém se empenha, por exemplo, em disparar contra um inocente, Deus não vai impedir a bala. Se nos tratasse como crianças irresponsáveis, nunca aprenderíamos a levar a sério a liberdade. Não impedi-la implica também respeitar todas as suas consequências.

Deus se comportou como os melhores pais da terra. Estes, se um de seus filhos se envolve em problemas, sem deixar de respeitar sua liberdade fazem qualquer coisa para ajudá-lo. Se um filho tivesse uma doença incurável, os pais não pouparism sacrifícios na hora de buscar um tratamento. Ou, se o filho se tornasse um viciado e não existisse nenhuma instituição que o reabilitasse, eles mesmos fundariam uma. Deus agiu de maneira semelhante. Quando seus filhos foram contaminados pelas sequelas do pecado, pôs-se a trabalhar em um admirável plano redentor que culminou com a morte na Cruz de seu primogênito, o novo Adão, e com a inestimável ajuda de Maria, a nova Eva.

A solução que Deus concebeu e pôs em prática é, sem dúvida, a melhor: restaura as sequelas do primeiro pecado sem atentar contra os imperativos da liberdade. Longe de se indispor contra o pecador, sua compaixão O leva a buscar uma solução. João Paulo II nota que é um mesmo e único amor o que inspira a Criação e o plano redentor: «Esta imperscrutável e indizível "dor" de Pai, em definitivo, gerará sobretudo a admirável economia do amor redentor em Jesus Cristo»[32]. Esse desígnio segue respeitando escrupulosamente a nossa liberdade. Jesus obtém na Cruz um medicamento

---

32 São João Paulo II, *Dominum et vivificantem*, n. 39.

capaz de curar nossas doenças, mas de modo algum nos obriga a tomá-lo.

Para concluir, se, mesmo sabendo até que ponto tudo se poderia distorcer, Deus decidiu dar o seu *fiat* criador, é porque o seu eterno desígnio já contemplava a futura Encarnação em vistas da Redenção. Ele garante que se pode corrigir o que foi distorcido e ainda, fazendo-se homem, nos facilita a correspondência a seu amor. Antes de abordar a urgência de consolar o Sagrado Coração, passemos por uma das mais antigas devoções na vida da Igreja.

A DEVOÇÃO AO SAGRADO CORAÇÃO DE JESUS

A piedade católica

O termo clássico utilizado para designar a familiaridade com Deus é *piedade*. É emblemático que essa palavra esteja relacionada com a compaixão amorosa. Na Antiguidade, indicava a atitude compreensiva dos filhos para com seus pais, geralmente já idosos. No sentido cristão, é *piedoso* quem está acostumado a tratar o Senhor com grande facilidade, simplicidade e carinho. Por iniciativa divina, mediante alguma revelação privada ou para imitar os exemplos dos santos, a *vida de piedade* na Igreja cristalizou-se em determinadas devoções públicas ou privadas. Vejam, por exemplo, os atos de adoração a Jesus Cristo na Eucaristia ou a recitação do Santo Rosário à Virgem. O importante continua sendo a oração pessoal, mas esse elenco de devoções ajuda a canalizar o desejo de louvar a Deus e venerar os santos.

Entre essas práticas de *piedade*, destaca-se a devoção ao *Sagrado Coração de Jesus*. Trata-se de um legado de séculos que ajuda a direcionar a compaixão do cristão às dores que afligem o Coração do Redentor. Na prática, canaliza o desejo de reparar a ingratidão e as injustiças que recebe.

Como afirmou Pio XI em 1928, «nós, agora, de um modo admirável e verdadeiro, podemos e devemos consolar esse Coração Sacratíssimo, continuamente ferido pelos pecados dos homens desagradecidos»[1]. Aludindo à *dor* de Deus, Bento XVI afirma que «não é de se estranhar que, entre os santos, muitos tenham encontrado no Coração de Jesus a expressão mais comovente desse mistério de amor»[2]. Uma revisão da história desta devoção, portanto, é sempre uma excelente ocasião para aprender com o exemplo de tantos santos que já passaram por isso.

A fé católica não nos obriga a acreditar nas aparições ou revelações privadas, mas só no que foi revelado por Deus — o conteúdo da Bíblia e a Tradição (nem tudo o que disse Jesus está no Evangelho[3]) — e confirmado pelo Magistério da Igreja. Na mesma linha, cada católico é livre para escolher as práticas de piedade que mais o ajudem ou melhor se adequem à sua sensibilidade. A Igreja, consolidando o terceiro preceito do decálogo, nos manda assistir à Santa Missa aos domingos, mas não impõe determinada devoção ou que compareçamos a algum santuário mariano. Convém, no entanto, não excluir outros canais que o Senhor utilizou para comunicar-se conosco, ainda mais se estão referendados pela autoridade da Igreja. Em relação à devoção ao Sagrado Coração, é preciso também levar em consideração que consiste no resultado de uma progressiva consciência, por parte dos católicos, das riquezas do amor de Cristo tais quais abarcadas pela fé. A atitude circunspecta da Igreja diante das revelações privadas se manifesta nas constantes alusões dos

---

1 Pio XI, *Miserentissimus Redemptor*, n. 17.
2 Bento XVI, Mensagem de 21 de novembro de 2006 para a Quaresma de 2007, n. 5.
3 Cf. Jo 21, 25.

Papas a que essa devoção não acresce nada que não derive da verdade revelada. Segundo João Paulo II, «os elementos essenciais desta devoção pertencem de modo *permanente* à espiritualidade da Igreja ao longo de toda sua história»[4].

Santa Margarida Maria de Alacoque

A devoção ao Sagrado Coração se estendeu por todo o universo católico após as revelações privadas a Santa Margarida Maria de Alacoque em Paray-le-Monial (França). Entre 1673 e 1675, esta «freira de aparência cinzenta, sempre doente, muito tímida, medrosa e desastrada»[5], teve quatro visões nas quais foi instruída sobre o Coração de Cristo como símbolo de seu amor à humanidade. Mesmo que os *doutos* do lugar concluíssem que se tratava de uma ilusão à qual não se deveria dar importância, a chegada de São Cláudio La Colombière ao convento mudou as coisas. O apoio deste santo foi decisivo para que Santa Margarida Maria superasse todas essas provas. Chama a atenção a paciência e o espírito de humildade com que enfrentou as tantas incompreensões alheias. Foi canonizada, enfim, em 1920, o que referendou, mais de duzentos anos depois de sua morte, a mensagem que soube viver e transmitir em sua época.

A esta santa, Jesus expressou seu ardente desejo de ser correspondido e reparado pelas ofensas e ingratidões que recebeu, especialmente onde mais manifesta seu amor, que é na Eucaristia. Foi em 27 de dezembro de 1673 que o Senhor lhe disse que tinha um «coração tão cheio de amor pelos

---
[4] João Paulo II, Carta de 5 de outubro de 1986.
[5] C. Pujol, *La casa de los santos*, Rialp, Madri, 1991. p. 345.

homens que, não podendo conter em si por mais tempo as chamas de sua ardente caridade, precisava estendê-las através de ti». Para corrigir as ofensas que recebeu na Eucaristia, Jesus pediu à santa francesa que promovesse a comunhão frequente, sobretudo nas primeiras sextas-feiras do mês, com a intenção de reparação. Esse costume se manteve nas primeiras sextas-feiras de cada mês em muitos lugares da Igreja, no intuito de expiar ao Senhor com algum ato eucarístico ou com a récita das orações do Sagrado Coração.

A generosidade de Santa Margarida Maria e sua proximidade do Coração de Jesus irrompe em uma loucura de amor que chega aos limites mais insuspeitos. «Sofro tão pouco — disse —, que o que mais me faz sofrer é que não sofra o suficiente»[6]. Qualquer sacrifício lhe parece pequeno, pois ela sente a urgência de corredimir com Cristo. Por isso escreve: «Não podemos amar ao Senhor se não sofremos por Ele. Nada neste mundo é capaz de me agradar mais do que a Cruz de meu divino mestre, uma Cruz como a sua, pesada e infame, sem doçura, consolo ou alívio. Permita que os outros tenham a sorte de acompanhar meu divino Salvador em sua ascensão ao Tabor; de minha parte, não desejo conhecer outra rota além da que me leva ao Calvário, porque tudo o que não seja a Cruz me atrai o mínimo que seja. Meu destino será, então, estar no Calvário até meu último suspiro de vida, em meio aos insultos, aos espinhos, aos pregos e à Cruz, sem outro consolo ou prazer que o de não ter nenhum. E que felicidade poder sofrer sempre em silêncio!»[7].

---

[6] J. Croiset, *The Devotion to the Sacred Heart of Jesus*, Tan, Illinois, p. 14.
[7] *Ibidem*, p. 13.

Para deixar claro que a devoção ao Sagrado Coração não é mera invenção de uma santa do século XVII, a Igreja costuma insistir em que se trata de uma devoção muito antiga. De fato, na França, a festa solene do Coração de Jesus foi celebrada pela primeira vez em 20 de outubro de 1672, quando Santa Margarida Maria tinha só 25 anos de idade. Como destacou Pio XII, essa devoção não «apareceu de improviso na Igreja, mas [...] brotou espontaneamente da fé viva, da piedade fervorosa de almas prediletas para com a pessoa adorável do Redentor e para com aquelas suas gloriosas feridas, testemunhos do seu amor imenso que intimamente comovem os corações.»[8].

Revisão histórica

A devoção ao Sagrado Coração começa a partir da meditação de um dos feitos que marcam a Paixão de Cristo: o momento em que um dos soldados transpassa com sua lança as costelas de Jesus para assegurar que estava morto. Ao narrá-lo, o evangelista que o relata rememora uma passagem do Antigo Testamento na qual o profeta Zacarias afirma: «Olharão para aquele que transpassaram»[9]. Os santos dos primeiros séculos, desde São Justino, no século II, já refletiam sobre o profundo significado desse acontecimento. Até o século IX, a ênfase recaía na chaga das costelas de Cristo. Entre o século IX e o século XII, a devoção foi mudando paulatinamente da costela aberta à chaga do Coração transpassado pela lança.

---
8 Pio XII, *Hauretis aquas*, n. 52.
9 Jo 19, 37; Cf. Zc 12, 10.

Entre os santos que já viveram de forma privada esta devoção antes do século XVII, Pio XII nomeia aos seguintes: São Boaventura, Santo Alberto Magno, Santa Gertrudes, Santa Catarina de Sena, o Bem-aventurado Enrique Suso, São Pedro Canísio, São Francisco de Sales e São João Eudes[10]. Um dos *precursores* mais relevantes, no século XII, foi São Bernardo, que insistiu na importância de despejar todo nosso afeto no trato com o Senhor. Segundo ele, o Coração chagado de Cristo nos revela seu infinito amor divino, e suas Chagas são como um clamor que nos incita a corresponder a seu amor[11]. Sua discípula Santa Lutgarda de Aywières (1182-1246) também acentuou a urgente necessidade de aliviar essas feridas. Um contemporâneo dela conta que a santa flamenca escutou de Jesus as seguintes palavras: «Presta atenção, minha querida, aos gritos que te dirigem minhas chagas, para que meu Sangue não seja derramado em vão e minha morte não seja inútil»[12].

A edificante biografia de Santa Lutgarda ilustra como a devoção ao Sagrado Coração não é uma simples invenção dos místicos castelhanos do século XVI ou da posterior escola francesa de espiritualidade do século XVII. A história dessa santa é parecida com a de tantos que, desde muito jovens, farejam o amor de Cristo e o perseguem. Assim como Santa Margarida Maria de Alacoque, parece que a jovem Lutgarda era bela e tinha muitos admiradores. Quando com quinze anos, justamente no momento em que tinha compromisso com um deles, conta seu biógrafo que Cristo apareceu para

---
10 Cf. Pio XII, *Haurietis aquas*, n. 26.
11 Ver o famoso *vicem rependere* (correspondência) de São Bernardo (em *Cantico Canticorum, Sermo* 83, 4).
12 T. van Bellingen, *Vita Lutgardis*, II, 6. Traduzo do original latino, pois não encontrei outras edições.

ela e, mostrando-lhe a ferida aberta de seu costado, disse-lhe: «Deixa de buscar as galanterias do amor vão. Olha aqui e contempla de agora em diante o que deves amar e por que deves amar: asseguro-te que aí obterás as mais puras delícias». Desde então, cresceu tanto seu amor por Cristo que, «possuída pelo desejo de ver a Cristo, poderia verter rios de lágrimas»[13]. A apaixonada Lutgarda aprendeu com o Senhor a sintetizar seus afetos até transformá-los no que chamava de «um fervor tranquilo». Quando lhe custava moderá-los, costumava pedir ao Senhor um *intercâmbio de corações*: que lhe desse a graça de amar com seu Sagrado Coração. Parece que houve um dia em que o Senhor lhe perguntou o que ela queria, e ela respondeu: «O que quero é teu Coração». Jesus, por sua vez, disse-lhe: «Sou Eu quem pede teu coração». E assim se confirma a reciprocidade existente em nossa relação com Jesus Cristo.

Em essência, Cristo pediu a santa Lutgarda que se consagrasse a seu Coração e o reparasse por seus pecados. Pediu que corredimisse com Ele, unindo-se com verdadeira alma sacerdotal ao Sacrifício da Cruz, diariamente renovado na Santa Missa. Segundo seu biógrafo, em uma de suas visões ela contemplou Jesus diante de Deus Pai rogando-lhe por seus pecadores; depois, disse-lhe: «Vê como me ofereço inteiramente ao Pai pelos pecadores. Quero que também tu te ofereças a Mim por meus pecadores». Quase todos os dias, durante a Missa, o Senhor lhe repetia essas mesmas palavras.

Continuemos a revisão histórica. No século XIII, foram três os teólogos que refletiram sobre o Sagrado Coração: Santo Alberto Magno, São Tomás de Aquino e São Boaventura.

---
13 *Ibidem*, III, 9.

Este último, alma delicada e contemplativa, meditando sobre o flanco aberto de Cristo, pergunta-se: «Quem não amará seu coração tão ferido? Quem não abraçará seu coração tão puro? Nós, que somos feitos de carne, pagaremos o amor com amor, abraçaremos nosso ferido, ao que os ímpios atravessaram mãos e pés, as costelas e o coração. Peçamos que se digne unir nosso coração ao vínculo de seu amor e feri-lo com uma lança, porque ainda é duro e impenitente»[14].

No século XIII, três religiosas centro-europeias tiveram revelações sobre o Coração de Jesus: Matilde de Magdeburgo, Gertrudes de Helfta e Matilde de Hackeborn. Santa Gertrudes teve uma grande repercussão na Idade Média. «No coração de Gertrudes me encontrareis», teria dito Cristo. Lope de Vega compôs estes versos em sua homenagem: «Custódia sois enquanto gozais na terra, e porque Deus inteiro se abriga dentro dela, maior tendes o coração que o céu»[15].

Em pleno século XIV, o Senhor teria explicado a Santa Catarina de Sena por que permitiu que a lança lhe abrisse o Coração: para que compreendamos que, como Deus, nos ama infinitamente mais do que pode mostrar com seu limitado sofrimento físico. Esta Doutora da Igreja completa a intuição de São Bernardo, segundo a qual o humano em Jesus Cristo revela o divino: a ferida visível do Coração de Jesus é a porta que conduz a seu invisível amor celeste.

Já no século XVII, São João Eudes não se refere só à vulnerabilidade do Coração de Jesus, mas também à sua capacidade de alegrar-se. Supera-se, assim, uma visão meramente *dolorosa* da reparação cristã: o melhor modo de aliviar

---

14 São Boaventura, *Vitis mystica*, 3, 11 (PL 32, 661).
15 Em C. Pujol, *La casa de los santos*, *op. cit.*, p. 381. Cf. também Bento XVI, Discurso na Audiência Geral de 6 de outubro de 2010.

a dor de Cristo consiste em procurar dar-lhe alegrias. Este santo francês foi o primeiro a manifestar a estreita união que existe há vinte e um séculos entre o Sagrado Coração de Jesus e o Coração Imaculado de Maria. São Bernardo e Santa Gertrudes já tinham recomendado a devoção ao Coração de Maria, mas São João Eudes dá ênfase à compenetração afetiva entre esses dois corações. Para destacá-lo, omitia o plural, dizendo no singular: «O coração de Jesus e Maria». Costumava usar esta oração: «Coração de Jesus que vives em e através de Maria, Coração de Maria que vives em e para Jesus». Em 1648, compôs uma Missa em homenagem ao Coração de Maria, que ele mesmo celebrou pela primeira vez.

Nos últimos três séculos, a devoção ao Sagrado Coração alimentou a piedade de milhões de católicos. Desde o século XX, teve como complemento a devoção ao *Amor misericordioso*, que se gestou na França, sobretudo a partir dos ensinamentos de Santa Teresa de Lisieux, e na Polônia, por meio de Santa Faustina Kowalska. Costuma-se completar com o adjetivo *misericordioso* uma antiga invocação a Jesus: agora se diz: «Coração sacratíssimo e misericordioso, dá-nos a paz». No ano 2000, por razão da canonização de Santa Faustina, João Paulo II deliberou que, em cada segundo domingo da Páscoa, seria celebrada em toda Igreja a Festa da Divina Misericórdia[16]. Impele-nos, assim, a estender essa devoção, a rezar pelos pecadores e a aprender a nos comportar de modo misericordioso com nossos semelhantes[17].

---

16 As datas de falecimento (2005) e beatificação (2011) de João Paulo II estão ligadas ao dia em que se celebra essa festa.
17 Cf. Michel Esparza, *Amor e autoestima*, Quadrante, São Paulo, 2021.

O Imaculado Coração de Maria

As devoções ao Sagrado Coração de Jesus e ao Imaculado Coração de Maria são paralelas e inseparáveis, como também são as missões de ambos, tanto em sua vida terrena quanto na Glória dos Céus[18]. Ambos têm um corpo glorioso e, desde o Céu, contemplam em vigília de amor todo bem e mal que fazemos. Não ficarão tranquilos até o fim dos tempos. Do Gólgota à Parúsia ninguém como Maria alivia tanto os pesares do Coração de Jesus ou lhe proporciona tantas alegrias. Deste modo, ajuda a seu Filho a engendrar a vida da graça.

Essa íntima união afetiva remonta ao momento em que Maria concebeu Jesus em seu ventre. Desde que o coração físico do Filho começou a se desenvolver a alguns centímetros do coração da Mãe, ambos vibram em uníssono e compartilham todas as alegrias e dissabores que lhes damos. Estreita-se entre eles «um vínculo: uma esplêndida união de corações»[19]. Trata-se da *admirável aliança* de dois corações que se amam ao humano e ao divino. Por um lado, Jesus completa a sua Mãe com seus imensos dons divinos e seu apaixonado amor filial. Por outro, «para Maria, Cristo será sempre Deus e homem ao mesmo tempo. Será sempre o que tudo dá, mas que também necessita receber»[20]. E Ela é a que mais dá, a que mais se associa a essa tarefa redentora.

Esse vínculo entre os dois foi selado de modo definitivo no Calvário. Ali se realiza «a definitiva aliança dos Cora-

---

18 Cf. João Paulo II, *Redemptor hominis*, n. 22.
19 João Paulo II, Alocução de 30 de junho de 1985, n. 5.
20 S. Martin, *El Evangelio secreto de la Virgen María*, Planeta, Barcelona, 1996, pp. 263-264.

ções: do Filho e da Mãe; da Mãe e do Filho»[21]. Ninguém alivia tanto o peso da Cruz de Jesus como Maria. Por isso quis estar tão próxima dEle. Esse era o desígnio divino para Ela, depois de muito meditar desde que o velho Simeão lhe anunciara que uma espada lhe atravessaria a alma[22]. Só Ela compreendeu plenamente por que convinha que seu Filho morresse. Os apóstolos, embora instruídos por Cristo, não o entenderam, ao passo que Ela, com sua alma sacerdotal, quis estar ao lado da Cruz por três razões: para dar suporte a seu Filho, para com Ele consolar ao Pai e para, nEle, obter-nos a graça salvadora. Desde que aceitou se associar ao Sacrifício redentor, tornou-se a nossa Mãe. Quando, na Cruz, Jesus entregou-a a nós na pessoa de João[23], não constituiu sua maternidade, mas a declarou. Desde então, não cessa de nos aproximar de seu Filho. Com João Paulo II, podemos pedir-lhe: «Maria, Mãe de misericórdia, mostra a teus filhos o Coração de Jesus, que tu viste aberto para ser sempre fonte de vida»[24].

É esclarecedor recorrer também à pequena história da devoção ao Coração de Maria. Passados dois séculos desde que São João Eudes manifestou a compenetração afetiva entre os Corações de Maria e do Filho, a veneração de ambos passou a ser patrimônio comum dos católicos graças à petição feita em 1830 pela Virgem a Santa Catarina Labouré de cunhar a chamada *medalha milagrosa*. Nela aparecem gravadas doze estrelas rodeando dois corações[25].

---

21 João Paulo II, Alocução de 15 de setembro de 1985, n. 4.
22 Cf. Lc 2, 35.
23 Cf Jo 19, 26-27.
24 João Paulo II, Alocução de 5 de outubro de 1985, em Paray-le-Monial (França).
25 As mesmas estrelas que inspiraram, em 1955, o escudo e a bandeira do Conselho de Europa. Esse emblema foi também adotado posteriormente, em 1985, pela União Europeia.

Já no século XX, as aparições da Virgem em Fátima manifestaram que consolar o Coração da Mãe equivale a consolar o Coração do Filho, e vice-versa. Maria urgiu três pastores — Lúcia, Francisco e Jacinta — a corredimirem com seu Filho, isto é, a oferecerem pequenos sacrifícios para consolá-lO e ajudá-lO a salvar os pecadores. Na última aparição, em 13 de outubro de 1917, há um detalhe que revela a íntima comunhão entre ambos. A Mãe de Cristo, «tomando um aspecto mais triste», disse: «Que não ofendam mais a Nosso Senhor, que já está muito ofendido». Tão impressionante deve ter sido o rosto aflito de Maria que Lúcia comentou que jamais esqueceria da dor que contemplou na mais terna das mães[26].

Em 1925, Maria e Jesus apareceram para Lúcia. Nessa ocasião, Jesus, apontando para o Coração de Maria, que aparecia rodeado de espinhos, exortou a vidente de Fátima a «ter compaixão daquele Coração continuamente martirizado pela ingratidão humana, sem quem o console com atos de reparação». A Virgem acrescentou: «Olha, minha filha, meu Coração cercado de espinhos, que os homens ingratos a todos os momentos me cravam com blasfêmias e ingratidões. Tu, ao menos, vê de me consolar»[27]. Na verdade, nossa Mãe pediu que se lhe consolasse especialmente nos primeiros sábados de cinco meses seguidos, acudindo à confissão e à comunhão, rezando o Terço e contemplando seus mistérios. Que bom filho não ficaria com a alma cindida ao saber que o coração de sua mãe está cercado de espinhos? Tudo pareceria pouco para consolá-la — e não só em alguns sábados ao ano, mas todos os dias...

---

26 Em P. L. Zampetti, *La profecia de Fátima*, Rialp, Madri, 1992, pp. 129 e 133.
27 Em C. Barthas, *La Virgen de Fátima*, Rialp, Madri, 1991, 9ª ed., pp. 545-546.

Por fim, o Coração de Jesus nos revela o Amor divino, e «através do Coração da Mãe descobrimos o amor do Salvador». Estas palavras são o título de uma mensagem de João Paulo II aos participantes de um Simpósio Internacional, celebrado em Fátima em 1986, sobre a relação entre os dois Corações. «Nossa devoção ao Coração Imaculado de Maria — afirmou o Santo Padre na ocasião — expressa nossa reverência por sua compaixão materna a Jesus e a todos os seus filhos espirituais»[28].

Horizonte de esperança

Estão em crise essas devoções? Por quê? Como vimos, sempre serão atuais por estar enraizadas na essência da vida cristã. Seus frutos, dizia São Josemaria em 1966, «têm sido e continuam a ser frutos saborosos de conversão, de entrega, de cumprimento da vontade de Deus, de penetração amorosa nos mistérios da Redenção»[29]. Por esses anos, desgraçadamente, começava uma queda acentuada de todas as devoções devido a uma crise na Igreja que se gestou ao redor do Concílio Vaticano II. Em 1986, João Paulo II confirmou a vigência delas quando afirmou que «trata-se de caminhos espirituais que também agora convém seguir oferecendo aos fiéis»[30]. Mas poucos lhe deram atenção.

Esses tempos difíceis que costumam aparecer — como em outros momentos da história — após um importante Concílio se agravaram devido a um ambiente cultural que

---
28 João Paulo II, Mensagem de 22 de setembro de 1986, n. 2.
29 *É Cristo que passa*, n. 163.
30 João Paulo II, Carta de 5 de outubro de 1986 ao Padre Kolvenbach.

se dedicava a questionar tudo o que era antigo pelo simples fato de sê-lo, sem oferecer soluções alternativas. Pensar que é necessário mudar tudo a qualquer custo revela uma atitude ingênua e presunçosa. As pessoas maduras conseguem conjugar a *fidelidade* ao legado recebido com a *criatividade* para adaptá-lo a novos contextos culturais. Consegue-se, assim, que as verdades perenes possam ser vividas nas mais variadas circunstâncias. Daí que as *inovações* sejam necessárias: servem para renovar o ultrapassado, para revitalizar o que já está engessado. As *revoluções*, por outro lado e em muitos casos, costumam gerar estragos.

Sem dúvida, durante nossa vida falta-nos perspectiva histórica. Não obstante, a crise que vem sofrendo a Igreja desde os anos 1960 talvez seja uma das mais graves de sua história. Não só foram postas em xeque as devoções antigas, como também todas e cada uma das verdades da fé e da moral. De todo modo, apesar de nossas misérias, Cristo, como prometeu, segue guiando *a barca de Pedro*, conduzindo-a a bom porto mesmo em meio a uma das mais terríveis tempestades. O problema é que, como consequência dessa crise, a falta de formação da maioria dos batizados é alarmante. Quem nunca viu estátuas ou imagens do Sagrado Coração gravadas nas portas das casas antigas? Devido a essa falta de formação, hoje em dia poucos entendem o que elas significam.

O motivo da queda da devoção ao Sagrado Coração não está apenas na crise da Igreja posterior ao Concílio Vaticano II. Já antes, o que começara como um convite a corresponder ao amor de Cristo degenerou-se até se transformar em uma série de *práticas estereotipadas* com as quais o católico garantia a proteção divina. Ademais, pouco a pouco foi-se introduzindo nisso certo sentimentalismo. Havia cânticos e figuras relacionadas ao Sagrado Coração que não inspiravam nenhuma devoção às pessoas de bom senso. Muitas imagens devotas, afirma von Hildebrand, «aludem a um sentimentalismo barato»[31].

No entanto, «não é prova de boa lógica converter certos abusos práticos, que acabam desaparecendo por si, num problema doutrinal, teológico»[32]. Acontece com a devoção popular ao Sagrado Coração como com as procissões da Semana Santa. São uma magnífica ocasião para fazer penitência e expressar compaixão amorosa pelos sofrimentos redentores de Cristo. Alguns, contudo, mostram-se muito críticos com essas manifestações de religiosidade popular. Seria mais positivo fomentar a verdadeira piedade mediante uma boa formação religiosa sobre a corredenção com Cristo e o sentido das obras de penitência. Evitar-se-iam, assim, críticas estéreis e se obteria maior coerência cristã naqueles que participam desses atos. Quando a devoção popular se desvirtua, a solução não consiste em eliminá-la, mas em renová-la.

Na devoção ao Sagrado Coração, de fato, a experiência corroborou o efeito negativo de toda crítica inútil. Sirva de ilustração o que dizia em uma homilia certo vice-reitor da Universidade Católica de Lovaina sobre a perda da *piedade* entre os católicos: «Jesus era sensível, pois ser sensível é uma qualidade: e depois de ser glorificado para sempre, Jesus também continua sendo sensível. [...] Nossa geração já não sabe consolar a Cristo como fizeram em seu tempo

---
31 D. von Hildebrand, *El corazón*, op. cit. p. 27.
32 *É Cristo que passa*, n. 163.

os místicos flamencos. Tornamo-nos alérgicos à meditação da *Via Crucis* e a todas as formas de compaixão por Jesus. Empobrecemo-nos perdemos nossas mais belas tradições e, com elas, o nosso coração»[33].
Diante da passividade dos últimos decênios, é urgente redescobrir esta devoção. Trata-se, no fundo, de valorizar com novo ânimo o mais essencial do cristianismo — o amor de Cristo por cada uma de nós — e tirar daí consequências práticas: reparar com obras de amor «o imenso sofrer e a angústia de Cristo ao não se ver correspondido pelos homens»[34]. Nunca meditaremos o suficiente sobre as consequências da Paixão de Cristo. No ano de 2010, diante do Santo Sudário de Turim, Bento XVI comentou que «cada traço de sangue fala de amor e de vida. Especialmente a mancha abundante próxima do lado, feita de sangue e água derramados abundantemente de uma grande ferida causada por um golpe de lança romana, aquele sangue e aquela água falam de vida. É como uma fonte que murmura no silêncio»[35].

---

[33] Em Aa. vv., *Monsignore... ma non tropo*. Homenagem a Monsenhor Joseph Devroede. Peeters, Lovaina, 1991, p. 181.
[34] J. M. Pich, *El Cristo en la tierra*, op. cit., pp. 61-62.
[35] Bento XVI, Meditação diante do Santo Sudário, Turim, 2 de maio de 2010.

A COMPAIXÃO PELO CORAÇÃO DOLORIDO DE CRISTO

Uma realidade pouco conhecida

Poucos são os cristãos conscientes do muito que podem aportar ao Sagrado Coração. Se ouvem falar da dor de Cristo, estão a par do muito que sofreu durante a Paixão, mas consideram que agora está no Céu e já nada O inquieta. Desconhecem que, como afirmou Pio XI, «nós, agora, de um modo admirável e verdadeiro, podemos e devemos consolar esse Coração Sacratíssimo, continuamente ferido pelos pecados dos homens mal-agradecidos»[36].

De maneira parecida a quando abordamos o mistério da dor de Deus, é compreensível que gere estranheza falar das dores que Cristo glorioso padece na atualidade. Sempre nos ensinaram que no Céu não se sofre: que a alma dos bem-aventurados goza de felicidade perfeita. Sendo isso verdade, por que *sofreria* então a alma gloriosa de Cristo? Porque Jesus Cristo e Maria, até o fim dos tempos, vivem com proximidade amorosa cada um dos reveses dos que estamos na terra. De qualquer maneira, trata-se de um modo de *sofrer* que é compatível com a felicidade do Céu.

---

36 Pio XI, *Miserentissimus Redemptor*, n. 17.

A sintonia com os pesares do Coração de Jesus Cristo ressuscitado não exige que sejamos especialistas em teologia. O senso comum nos diz que quem está no Céu não tem nenhuma razão para se preocupar. Mas se a Ele, ou a Deus Pai, não afetasse o que fazemos na terra, restariam apenas duas possibilidades: ou não conhecem o que acontece aqui, ou *nos* desconhecem. Ambas as alternativas são igualmente absurdas, pois supõem uma limitação imprópria de seu poder ou uma indiferença incompatível em qualquer grau com seu amor. Além disso, já está claro e manifesto que os sentimentos do Coração de Jesus não mudaram desde a sua Ascenção ao Céu. Sabemos que tudo o que é nosso O afeta tanto quanto Ele nos ama. O amor sempre comporta um aumento da vulnerabilidade e da capacidade de se alegrar. O afeto conduz à identificação com as alegrias e as penas da pessoa amada. Todo amante, mesmo o mais perfeito, está vulnerável ao gozo ou ao sofrimento. Quer seja correspondido ou não, experimenta essa bênção ou esse pesar, esse agradecimento ou essa decepção.

Dando ênfase à união de Cristo com os homens, afirma São Josemaria: «Ainda hoje Cristo continua a sofrer nos seus membros, na humanidade inteira que povoa a terra, e da qual Ele é a Cabeça, o Primogênito e o Redentor»[37]. Certamente, os atuais pesares do Coração de Jesus derivam de sua amorosa identificação com cada um de nós. Não há alegria ou pena na terra de que Ele não compartilhe. De fato, nossas desgraças, especialmente o dano que nos causa cada pecado, doem-lhe tanto quanto é o seu amor. Seus padecimentos redentores, ademais, não estão unicamente

---

37 *É Cristo que passa*, n. 168.

A COMPAIXÃO PELO CORAÇÃO DOLORIDO DE CRISTO

ligados à sua identificação conosco, mas também a seu amor a Deus Pai. Já vimos que o Criador «se tornou vulnerável»[38] e que Jesus Cristo, na Paixão, nos revela a magnitude da *dor* divina, ao mesmo tempo que nos ensina a aliviá-la.

Definitivamente, o que mais estimula nossa generosidade é o gozo que nosso amor procura no Coração dolorido de Jesus. Nada incita tanto nossa correspondência a seu amor como a *compaixão* que sentimos ao perceber o muito que Ele sofre em consequência de nossos pecados: «Agora Jesus já não pode *sangrar*, mas sim *chorar*». Seguindo com esse modo de falar — pueril, mas que se aproxima da verdade —, observemos que esse *pranto* resulta estremecedor, pois não procede de uma sensibilidade superficial, mas do mais fundo de um coração amoroso e chagado. Se sentimos suas *lágrimas*, agitam-se as nossas entranhas e nos vemos impelidos a consolá-Lo. O imperioso desejo de aliviar seus pesares nos tira de nós mesmos. Nossos problemas parecem *arranh*ões insignificantes em comparação com suas *feridas*.

Essa reação diante do sofrimento alheio não acontece apenas a quem tem um coração grande. Mesmo a pessoa mais egoísta, se presencia um grave acidente de trânsito e vê que o motorista, um perfeito desconhecido, está sangrando no asfalto, sente que deve socorrê-lo imediatamente. Como, pois, amarão o Senhor aqueles que desconhecem os padecimentos de seu Coração e, na prática, pensam que nada podem fazer? Que teria feito Madre Teresa, por exemplo, se o Senhor não lhe tivesse feito entender a *sede* que tinha de seu amor?

---

38 J. Ratzinger, *Jesús de Nazaret*, La esfera de los Libros, Madri, 2007, p. 178.

É uma pena que tantos cristãos desconheçam essa realidade, ainda mais se consideramos que as consequências práticas que dela derivam não são banais. Não será essa a razão pela qual tantos católicos praticantes não vivem essa união amorosa com Cristo? Limitam-se a cumprir rotineiramente suas obrigações religiosas, mas não adquirem uma profunda vida interior. Casam-se na Igreja, batizam seus filhos e, para dar-lhes exemplo, assistem todo domingo a Santa Missa. Falta vida, porém, nessa espécie de *catolicismo social*. Talvez se surpreendessem se lhes perguntássemos: «Não achas que Jesus sente tua falta se não lhe fazes companhia nem por um momento no Sacrário?».

A falta de sintonia afetiva com Cristo torna-se ainda mais penosa se afeta quem se comprometeu a viver no celibato apostólico. Se o amor ao Senhor não inspira seu empenho, resta-lhes a possibilidade de sacrificar-se por amor a um ideal — por exemplo, levar a cabo um trabalho asssistencial ou apostólico. Mas não é o mesmo amar uma pessoa e amar um ideal. Nisso, como em tudo, a natureza não perdoa. Se o amor a Cristo não encoraja o esforço de quem lhe deu tudo, é provável que sua entrega se desvirtue, como acontece em qualquer casamento em que se desgasta a relação entre cônjuges: em vez de formar uma família virtuosa, transformam-se em uma espécie de sociedade anônima. Com frequência, com o passar do tempo, aparecem vínculos humanos que colocam em perigo a fidelidade. E, entre os que conseguem perseverar em seu compromisso, uns, os mais mornos, o fazem entregando-se menos, enquanto outros se esforçam muito, mas com mais frequência lhes asfixia esse voluntarismo com raízes fundas no orgulho. Em qualquer caso, também não são muito felizes.

Vale a pena, portanto, seguir insistindo no grande poder que temos sobre o Coração enfermo e agradecido de Jesus: porque seria injusto não fazê-lo, porque é um estímulo para a nossa correspondência e porque o mais óbvio é às vezes aquilo de que menos se fala e mais se esquece.

O sentido cristão do sofrimento

O que Edith Stein chamava de *ciência da Cruz* é um grande mistério que se torna menos obscuro com as luzes que nos dá a Paixão de Cristo. De modo geral, todos podemos sublinhar essas palavras: «O sentido da dor é a consequência do sentido de nossa vida. Pode-se enfrentar esse sofrimento quando enfrentado *por algo ou por alguém*. É no amor que se encontra seu sentido»[39]. A questão mais relevante consiste em saber *por que* e *por amor a quem*.

Estas palavras de São Josemaria condensam a sabedoria cristã a esse respeito: «Que importa padecer, se se padece para consolar, para dar gosto a Deus Nosso Senhor, com espírito de reparação, unido a Ele na sua Cruz..., numa palavra: se se padece por Amor?»[40]. A falta de sintonia com o Coração ferido e agradecido de Cristo é um sério obstáculo para viver com profundidade o *sentido cristão do sofrimento*. No fim das contas, a terrível experiência da dor pode apresentar três vantagens: ser ocasião de purificação, ser ponto de encontro para nos abandonarmos confiadamente em Deus e ser oportunidade de corredenção com Cristo. Neste último está precisamente a maior contribuição do cristianismo.

---

39 A. Vásquez, *Juan Larrea, un rayo de luz sobre fondo gris*, Palabra, Madri, 2009, p. 33.
40 *Caminho*, n. 182.

Os outros dois elementos, purificação e abandono, são de grande ajuda para aceitar o sofrimento, mas resultam insuficientes para amá-lo como faz Jesus Cristo e aqueles que, como acabamos de ver, identificam-se com Ele.

Na verdade, os sábios gregos já apontavam o valor purificador das contradições a partir de um ponto de vista exclusivamente humano. Por outro lado, como manifesta o Antigo Testamento no livro de Jó, sabemos que nossas cruzes, tão inesperadas como incompreensíveis, dão-nos uma excelente ocasião para nos abandonarmos confiadamente à amorosa Providência divina. A perspectiva cristã assume e ultrapassa essas duas perspectivas já presentes na sabedoria grega e judaica. Graças a essa nova visão que Cristo nos revelou, podemos descobrir na dor «não um determinismo desenfreado, mas a mão amorosa de nosso Pai do Céu, que nos abençoa com a exigência amável da Cruz»[41]. É urgente, pois, aprofundar-se na possibilidade que temos todos os batizados de transformar nossos sofrimentos em ocasiões de corredimir com Cristo, ajudando-O a consolar Deus Pai e a salvar almas.

Segundo a doutrina da Igreja, estamos convocados a participar e colaborar na obra da Redenção[42]. Mas o que implica, na prática, essa colaboração na obra redentora de Cristo? O que significa, como afirma São Pedro[43], que o cristão esteja chamado a compartilhar seus sofrimentos? Em que sentido afirma São Paulo que completa em sua carne «o que falta às tribulações de Cristo»[44]? Em meu último livro,

---
[41] J. Echevarría, Homilia de 23 de outubro de 2010 no *campus* da Universidade de Navarra.
[42] Cf. Concílio Vaticano II, *Lumen gentium*, n. 62.
[43] Cf. 1 Pe 3, 14.
[44] Cl 1, 24.

tentei responder a essas perguntas[45], querendo mostrar que nosso sofrimento pode aliviar os padecimentos que Cristo oferece para consolar o Pai e salvar as almas. Em sentido estrito, nada podemos fazer hoje para que lhe doam menos as chicotadas que Jesus recebeu durante a flagelação. Tampouco podemos ajudá-lO a carregar o peso da Cruz em seu caminho até o Calvário, como fez Simão de Cirene há vinte e um séculos[46]. Por outro lado, podemos aliviar a dor que lhe causam nossos pecados atuais. Por isso afirmou João Paulo II que, «na dimensão do amor, a Redenção, já realizada totalmente, realiza-se em certo sentido constantemente»[47].

Nesta ocasião, deixo de lado os pormenores teológicos e me limito a comentar uma anedota. Ainda me recordo de algo que me disse rapidamente, durante uma refeição, um bom pai de família. Ficou gravado em minha memória talvez porque me fizesse entender que, na hora de nos sacrificarmos por amor ao Senhor, pode-nos inspirar o mesmo que inspira qualquer amor humano. A esse bom pai lhe custava muito levantar da cama pela manhã porque seu trabalho ia até altas horas da noite. Além disso, desde que era pequeno, sempre lhe fora muito difícil despertar. Sentia-se assaz letárgico a cada manhã e, para estar em condições de enfrentar o novo dia,

---

[45] Michel Esparza, *Amor e autoestima*, Quadrante, São Paulo, 2021.
[46] Cf. Mt 27, 32; Mc 15, 21; e Lc 23, 26.
[47] João Paulo II, *Salvifici doloris*, n. 24. A explicação clássica da *atualidade dos padecimentos de Cristo* defende que todas as suas ações, por ser o verdadeiro Deus, transcendem os limites do tempo e do espaço. Uma vez que «tudo o que Cristo é, tudo o que fez e sofreu por todos os homens, participa da eternidade divina» (*Catecismo da Igreja Católica*, n. 1085), nós, dois mil anos depois, podemos realmente modificar o peso da sua Cruz. Mas não esqueçamos que Jesus, além de Deus, é também homem como nós. Por isso, a atualidade da Paixão de Cristo pode ser explicada também segundo sua natureza humana. Assim, posto que sua Humanidade Santíssima nos contempla desde o Céu, não é de se estranhar que todo bem e mal da terra repercutam em seu Coração glorioso. As explicações vinculadas à sua natureza divina certamente oferecem maior segurança teológica, porém, se só nos fixássemos nelas, correríamos o risco de cair naquele *monofisismo prático* que se mencionou em nossa revisão da cristologia.

precisava tomar várias xícaras de café. No entanto, quando passou a falar sobre seus filhos, seu coração se encheu de amor, e ele disse sem lamentar-se e com grande convicção que não *era nenhum sacrifício levantar durante a noite ao ouvir que um de seus filhos pequenos estava chorando.*

Assim *funciona* nossa natureza. Não costumamos medir esforços na hora de aliviar a dor daqueles que amamos. Passar a noite em claro nunca será algo agradável, mas não constituirá um problema se for para ajudar nosso filho a se acalmar depois de um pesadelo. Nenhuma pessoa sã ama o sofrimento como *fim* em si mesmo. No entanto, o sacrifício pode ser escolhido de bom grado como *meio* para contribuir à felicidade de um ser querido. Só assim se entende que os santos possam amar a dor, apesar do natural espanto que lhes produz. São Josemaria, por exemplo, afirma que o sofrimento lhe dá «gozo e paz», porque sente «muitos desejos de reparação»: o amor o faz «gozar no sofrimento»[48]. Também Jesus, no Getsêmani, «começou a entristecer-se e angustiar-se»[49], mas seu amor ao Pai e a nós lhe conferiu as forças necessárias para aceitar e consumar a Paixão. Se O imitamos, também nosso sofrimento se torna leve. O Senhor não se deleita em nossa dor como tal; na verdade, por empatia, sente-a como sua. Só deseja, em vistas de nosso próprio bem, que O amemos. Nosso sacrifício voluntário O consola na medida em que é expressão de amor.

Ademais, nosso sacrifício pelo bem de outra pessoa nos leva a amá-la mais. No fim das contas, essa é uma das razões pelas quais os bons pais amam tanto seus filhos: porque

---

48 Em A. Vásquez de Prada, *El fundador del Opus Dei. Vol.1: ¡Señor que vea!,* Rialp, Madri, 1997, pp. 418-419.
49 Mt 26, 37.

levam muitos anos compadecendo-se de suas necessidades e, em consequência, sacrificando-se por eles. No fundo, o amor e a dor são duas realidades que se beneficiam mutuamente. Entre elas se dá uma espécie de mecanismo de retroalimentação. O amor torna mais suportável qualquer sacrifício, e sofrer para fazer feliz a quem amamos nos leva a amá-los ainda mais.

Essa verdade humana ganha um significado muito mais profundo a partir da ótica cristã. «O amor torna fecunda a dor e a dor aprofunda o amor.»[50] Uma vez que a entrega sacrificada costuma ser precedida da compaixão, também nós, assim como os santos que nos precederam, amamos com loucura o Senhor se, ao meditar sobre sua Paixão, *palpamos* seu amor e sua dor. A compaixão por seu Coração ferido será o melhor estímulo para nossa generosidade. Por amor a Ele, talvez *sem vontade*, mas sempre *com gosto*, nos esforçaremos na hora de realizar com a maior perfeição possível os pequenos deveres de cada instante. Como sucedia àquele bom pai que de bom grado ficava em vigília para ajudar seus filhos, é de se esperar que chegue um momento no qual não *complicar* mais a nossa vida seja para cada um de nós todo o sacrifício.

---

50 João Paulo II, Homilia de 11 de outubro de 1998, por ocasião da canonização de Edith Stein.

É urgente corredimir com Cristo

Ao longo destas páginas, esmiuçamos que a vida cristã não consiste em amar o Senhor unicamente porque assim nos tornamos melhores e nos salvamos, mas acima de tudo porque desejamos ardentemente o bem-estar de seu Coração vulnerável e agradecido. Isso é o que mais nos deveria estimular.

O que mais nos ajuda a centrar todos os nossos empenhos no amor a Cristo é a meditação compassiva de sua Paixão. Ele não morre na Cruz só para revelar-nos a *dor* do Pai, mas também para *consolá-lO*. A Redenção não foi concretizada apenas para nossa salvação, mas acima de tudo para que Cristo, como homem, pudesse reparar junto ao Pai os pecados de toda a humanidade. Não se tratava apenas de curar nossas feridas e de nos mostrar o caminho de volta à casa paterna, mas também de assegurar que o Pai recebesse de seu Filho encarnado todo o amor que seus outros filhos negamos. De algum modo, portanto, não é Deus Pai quem mais nos *preocupa*, posto que seu consolo já está assegurado. Quem realmente nos deveria inquietar é Jesus Cristo, que, sendo o único inocente, consola o Pai pelos pecados que cometemos nós, os verdadeiros culpados. E Ele leva até o fim esse trabalho fervoroso e amoroso ao oferecer imensos padecimentos físicos e morais. Quem O ajuda, além de sua Mãe, a consolar o Pai e a obter essa graça do Espírito Santo que torna possível nossa santificação? Quanto mais generosos formos por amor a Ele, mais leve será o peso de sua Cruz. Dois são os amores — ao Pai e às almas — que motivam o Sacrifício de Cristo. E, assim como em Maria, três são os amores que nos impelem a corredimir: por *Ele*

(Jesus), com *Ele* (Deus Pai) e n*Ele* (as almas). Aliviando o pesar do Coração de Jesus, nós O ajudamos a consolar o Pai e a salvar almas.

A obra da redenção é um processo único que, no entanto, envolve um longo período de tempo. Faz vinte séculos que Jesus Cristo se imolou de modo cruento na Cruz, cumprindo assim de «uma só vez»[51] o desígnio salvador de Deus. Não obstante, a redenção se seguirá completando até o fim do mundo. O *mistério pascal* da morte, ressurreição e glorificação de Cristo só se consumará com sua segunda vinda gloriosa, quando virá de novo a este mundo para julgar os vivos e mortos (*Parusia*). Em sua Paixão, além das *dores físicas*, o Filho ofereceu ao Pai grandes *dores interiores*, muitas das quais lhe seriam causadas pelos pecados que se cometerão até o fim dos tempos.

As implicações práticas destas considerações para os que vivemos neste *espaço intermediário de tempo* são enormes: os que estamos na terra antes da vinda gloriosa de Cristo podemos aliviar o pesar que lhe causam os pecados à medida que acontecem. Por estar seu Coração humano interposto entre Deus e nós, dir-se-ia que Jesus redime cada novo pecado mediante uma dor correspondente em seu Coração. Como falava aquele menino que recebia catequese, já não pode derramar *sangue*, mas *lágrimas*. O sofrimento moral talvez seja pior do que crucificá-lO de novo. Como acontece com as pessoas sensíveis, um *coração partido* dói mais que um *osso quebrado*.

A possibilidade de diminuir os padecimentos redentores de Cristo nos abre todo um horizonte insuspeito de repara-

---

[51] Hb 9, 26; cf. *Catecismo da Igreja Católica*, n. 571, e seu *Compêndio*, n. 112.

ção compassiva, o qual gera desejos ardentes e eficazes de consolá-lO, amando-O também pelos que não O amam. No entanto, para sentir realmente a urgência inadiável de corredimir com Ele, é preciso que cada um enfrente a *crua realidade*. Por sorte ou azar, o peso da Cruz do Redentor depende de cada um de nós — se amamos ou pecamos, podemos lhe tirar ou acrescentar mais peso!

Como diz o provérbio, «o que os olhos não veem, o coração não sente». Daí a importância de tentar visualizar as dores de Nosso Senhor Jesus Cristo. De modo concreto, fazer alguns cálculos nos ajuda a vislumbrar a magnitude de seus pesares. Neste momento, há na terra uns sete bilhões de habitantes. Cada dia o Senhor acompanha de perto a morte de mais ou menos 150 mil. Para termos uma ideia do número de ofensas que recebe atualmente o Coração de Jesus, podemos calcular quantos pecados se cometem diariamente. Se nesse tempo pecasse gravemente um a cada mil habitantes, teríamos sete milhões de pecados por dia: uns trezentos mil por hora, cinco mil por minuto e oitenta por segundo! Convém recordar esta fascinante consideração de São Josemaria: «olha que se ofende a Jesus sem parar e, infelizmente, não O desagravam a esse mesmo ritmo»[52].

Pode-se dizer que, com o passar do tempo, a dor de Cristo por conta dos pecados atuais vai aumentando, pois cada vez somos mais os que viemos a este mundo. Vittorio Messori, mencionando o número de defuntos, afirma que «caminhamos sobre as cinzas de uns trezentos bilhões de seres vivos que nos precederam e que agora invisivelmente perduram e perdurarão para sempre»[53]. Se essa cifra é correta, supera

---

52 *Sulco*, n. 480.
53 V. Messori, *Por qué creo*, op. cit., p. 217.

apenas em 43 vezes a atual população mundial. Só Deus sabe quantos seres humanos passarão pela terra até o fim dos tempos. Quanto mais tempo passa, mais pessoas poderão beneficiar-se do Céu; porém, em contrapartida, maior será a dor do Coração do Redentor. A compaixão por Ele nos faz desejar que chegue quanto antes o fim do mundo, já que, como observa Santo Agostinho depois de recordar que à Cabeça do Corpo Místico afeta os sofrimentos de cada membro, «não haverá liquidação definitiva de todos os padecimentos até que tenha chegado o fim dos tempos»[54].

De todo modo, se intuímos a magnitude das feridas do Coração de Jesus — em número e na intensidade da dor que produzem —, nossas estranhas arderão em desejo de aliviá-las, e não mediremos esforços para consegui-lo. Só então nos parecerá pouco tudo o que façamos por Ele, a não ser que chegue um dia em que nos conste que o amor que recebe supera o desamor. Enquanto isso, para aliviar o maior peso possível, viveremos buscando novas oportunidades de entrega, ao mesmo tempo que tentaremos melhorar a qualidade do amor que inspira nossas ofertas.

No Gólgota, Maria, João e umas poucas mulheres acompanharam Jesus de perto. Por sorte, para reconfortá-Lo atualmente, somos agora muitos mais. Não seria nada mal compor uma *Via Crucis* atualizada que permita canalizar nosso desagravo compassivo. Seria um bom modo de consolá-Lo ao longo das *catorze estações,* que nos lembram outras tantas causas da dor de seu Coração. Eis aqui um esboço: 1. Sacrilégios e ultrajes eucarísticos; 2. Desunião entre os cristãos; 3. Equívocos e infidelidades à vocação; 4.

---

[54] Santo Agostinho, *Enarrationes in Psalmos*, Ps 61, 4: CCL 39, p. 373.

Blasfêmias, idolatrias e superstições; 5. Indiferença e perseguição religiosa; 6. Atentados contra a vida humana; 7. Guerras; 8. Torturas, maltratos psíquicos e agressões físicas; 9. Famílias destruídas; 10. Grosserias egoístas, exageros hedonistas, estupros, tráfico de mulheres, abuso e corrupção de menores; 11. Injustiças para com os mais desfavorecidos e exploração laboral; 12. Avarezas, fraudes e esbanjamentos; 13. Difamações, calúnias, enganos, confusões e mentiras; 14. Soberba e suas repulsas, rancores, invejas e litígios.

Segundo a feliz expressão de São Josemaria, «o Senhor, com os braços abertos», isto é, com recatado movimento de nos abraçar desde a Cruz, «pede-te uma contínua esmola de amor»[55]. Isso significa que sua sede de amor é constante e que de nenhum modo quer que nos sintamos obrigados a satisfazê-la. Não busca uma submissão externa, mas uma rendição incondicional. Por isso, quando somos menos generosos para com Ele, não no-lo joga na cara. Para não se impor, prefere esconder sua decepção, mesmo que, na medida em que aumenta nossa sintonia com seu Coração, passemos a nos dar conta de suas silenciosas exigências. Aqueles que se amam com delicadeza tratam de evitar não só cutucar as feridas, mas também as decepções. De qualquer modo, o Senhor quer amigos, não servos[56]. Em lugar de apelar ao dever ou à justiça, deseja a entrega livre e amorosa. Definitivamente, não exige *débitos*, mas espera *presentes* oferecidos com a liberalidade própria do amor, obséquios que expressam a entrega do mais íntimo: da vontade e do coração. A palavra «presente» é talvez a que melhor define a essência do amor. Como afirmou João Paulo II, «amar significa dar

---

[55] *Forja*, n. 404.
[56] Cf. Jo 15, 15.

e receber o que não se pode comprar nem vender, mas só presentear livre e reciprocamente»[57].
Trata-se de algo muito pessoal entre Ele e cada um de nós. Convém, pois, levá-lo ao nosso íntimo colóquio com Ele e pedir-lhe que tenha confiança suficiente para nos mostrar as chagas de seu Coração (lembremos, a modo de exemplo, dos bilhões de abortos cometidos durante as últimas décadas). Se *tocamos* a sua dor e decidimos diminuí-la com nossos *presentes*, também nosso sacrifício terá um saldo positivo: dar-nos-á gosto porque amaremos mais do que padecemos[58]. Já sabemos que a sintonia afetiva sempre beneficia os dois amantes, uma vez que as alegrias aumentam quando compartilhadas e as penas se dividem. Por isso experimentamos tanto gozo ao perceber que nosso amor é como um *bálsamo* que alivia suas feridas. Nada é tão agradável como arrancar sorrisos de quem chora de modo desconsolado e sereno. Em meio às lágrimas, brota um sorriso radiante como o sol a abrir caminho entre as nuvens.

Como contraponto pascal à *Via Crucis*, poderíamos fazer também uma lista de catorze motivos atuais de gozo para o Coração de Jesus. Além dos sacrifícios e das boas ações, quanto O alegra um simples mas sincero «*Eu te amo*»!

Às vezes, no amor, complicamos desnecessariamente as coisas, esquecendo que o mais simples, mas mais sincero, costuma ser o que mais agrada.

---

[57] João Paulo II, *Carta às famílias*, 2 de fevereiro de 1994, n. 11.
[58] *Via sacra*, XII estação, n. 3.

Tudo a partir e para a Santa Missa

Como canalizar diariamente «o desejo veemente de nos considerarmos corredentores com Cristo»[59]? Ele mesmo nos deu o melhor meio quando instituiu a Eucaristia. Recordemos, a modo de epílogo, a importância que tem a Santa Missa na vida cristã. Estamos diante do mistério da fé por excelência. Como um compêndio, «reúne em si todos os mistérios do cristianismo»[60]. Não há nenhum mistério revelado por Cristo que não esteja presente em cada celebração eucarística. É tal sua riqueza que nunca nos aprofundaremos suficientemente nos tesouros que contém. Mesmo que sejamos para sempre ignorantes na hora de compreendê-los, agradeçamos verdadeiramente essa «invenção em que se manifesta a genialidade de uma sabedoria que é simultaneamente loucura de amor»[61]. Na verdade, os sacerdotes que fazem as vezes de Cristo não perdem seu assombro diante «desta audácia de Deus, que se abandona nas mãos de seres humanos; que, ainda conhecendo suas debilidades, considera os homens capazes de atuar e apresentar-se em seu lugar»[62].

«Tomai», diz Jesus Cristo nas primeiras palavras da consagração. Vem realmente ao altar e nos pede que O *tomemos*: que o recebamos. Quer entregar-se a cada um de nós e espera que, se não correspondemos a seu amor[63], ao menos não deixemos de amá-lO. Na Santa Missa conflui, portanto,

---

59 *É Cristo que passa*, n. 121.
60 São Josemaria Escrivá, *Amar o mundo apaixonadamente*, n. 113.
61 Comitê para o Jubileu do Ano 2000, *La Eucaristia, Sacramento de vida nueva*, BAC, Madri, 1999. p.17.
62 Bento XVI, Homilia de 11 de junho de 2010, na Missa de encerramento do ano sacerdotal.
63 Na Consagração, também nos diz: «Bebei», convidando-nos a corresponder-lhe (Cf. Mt 20, 22; 1 Cor 10, 16-33).

a entrega amorosa de Cristo e a nossa. Ele instituiu este sacramento para poder renovar diariamente seu holocausto de amor e para que possamos nos associar a seu Sacrifício redentor. Dado que a Eucaristia é a culminação da entrega de Cristo, é lógico que tenhamos de orientar a ela tudo o que fazemos por amor a Ele. Em cada celebração eucarística, a Igreja — o sacerdote e cada um dos assistentes — *oferece* a Cristo e *se oferece* com Cristo ao Pai, a fim de consolá-lO e obter a graça que salva as almas.

A Eucaristia é um dos sete sacramentos instituídos por Cristo para nos tornar partícipes de sua graça redentora. Quando se celebram, por serem sinais sensíveis de realidades invisíveis[64], o mais impressionante é aquilo que não captam os sentidos. Por isso nos custa tanto adentrar essas maravilhosas realidades que só a fé percebe. Quem, por falta de formação ou de costume, não se conecta com o que não vê costuma entediar-se muito. Vai à Missa por obrigação e dirige a atenção à única coisa que consegue compreender: a homilia. Por outro lado, quem sintoniza com o essencial poderia emocionar-se mesmo que assistisse a uma Missa celebrada em voz baixa, em chinês, por um velho sacerdote às sete da manhã em uma igreja simples e gelada. Que grande diferença existe entre assistir a uma Missa para encontrar os amigos e, de quebra, conferir o tamanho da saia da vizinha, e participar da Eucaristia com a consciência de se estar presenciando os acontecimentos mais sublimes da história da Salvação!

A Santa Missa é sem dúvida o maior acontecimento deste mundo. É como dar um salto além do tempo e do espaço.

---

64 Cf. *Catecismo da Igreja Católica*. n. 1131.

Celebra-se na terra, mas participa dela todo o Céu. Já que «o tempo se une com a eternidade»[65], assistir à Santa Missa é «como que desligar-nos dos nossos liames de terra e de tempo»[66]. Cada vez que é celebrada a Missa, renova-se de modo incruento, mas atualmente real, o mistério pascal, que se torna assim o «único acontecimento da história que não passa jamais [...], todos os outros acontecimentos da história acontecem uma vez e passam, devorados pelo passado. [...] O acontecimento da Cruz e da Ressurreição *permanece*»[67]. De algum modo, em virtude de uma «misteriosa *contemporaneidade*» entre o ocorrido há dois mil anos «e o transcorrer dos séculos»[68], os tempos se *fundem*. Nesse *memorial da Paixão* está presente tanto a *dor física* de Jesus na Cruz quanto sua *dor interior* até o fim dos tempos.

Diante deste grande mistério, as palavras e explicações ficam sempre aquém. Como afirmou João Paulo II, a doutrina eucarística da Igreja, apesar das valiosas contribuições de tantos teólogos e santos ao longo dos séculos, «permanece como que no limiar, sendo incapaz de captar e de traduzir em palavras aquilo que é a Eucaristia em toda a sua plenitude, aquilo que ela exprime e aquilo que nela se atua. Ela é, de fato, o Sacramento inefável»[69]. Sem esquecer a atitude reverencial que deve acompanhar qualquer reflexão sobre este mistério, talvez uma das possíveis chaves para nos aprofundarmos nessa inesgotável realidade seja a que vimos sobre a *dor do Coração de Jesus até o fim dos tempos*. Sabemos que existe uma misteriosa *contemporaneidade*

---
65 *É Cristo que passa*, n. 94.
66 *Amar o mundo apaixonadamente*, n. 113.
67 *Catecismo da Igreja Católica*. n. 1085.
68 João Paulo II, *Ecclesia de Eucharistia*, n. 5.
69 João Paulo II, *Redemptor hominis*, n. 20.

entre a Santa Missa e o que ocorreu na Paixão cruenta de Cristo. Nessa linha, poderíamos falar também de certa *simultaneidade*, na medida em que o sacrifício eucarístico não contém unicamente os sofrimentos do Calvário, mas também todos os padecimentos interiores de Cristo por causa dos pecados, inclusive os que são cometidos em nossos dias. Coloca-se em consideração não apenas o *caráter unitário* da obra da redenção[70], mas também seu *desdobramento temporal*.

Cada Missa é essencialmente a mesma, uma vez que contém todo o mistério pascal. No entanto, ao incluir a imolação de Jesus «em remissão dos pecados que se cometem diariamente»[71], há nela todo dia algo novo: a de hoje não é exatamente como a de ontem, já que a cada dia se consome uma pequena parte do pesar causado ao Coração de Jesus pelos pecados que continuam sendo cometidos. Ademais, cada celebração eucarística, ainda que seja idêntica, é numericamente diversa. Nela confluem todos os afãs redentores de Cristo com as pessoas de todas as épocas, mas variam os assistentes: participam sempre os bem-aventurados e as almas do Purgatório, mas só uma parte dos que peregrinamos vai ao Céu. O Sacrifício redentor é oferecido a todos, mas só alguns participam dele quando se renova sacramentalmente na terra, e esses assistentes podem oferecê-lo por suas intenções particulares. Ao instituir a Eucaristia, Jesus afirmou que seu sangue seria derramado *pro vobis et pro multis* [por vós e por muitos], distinguindo assim entre os apóstolos ali presentes e o resto dos beneficiados.

É impressionante a relação íntima que existe entre os

---

70 Cf. Hb 9, 26.
71 Paulo VI, *Mysterium fidei*, n. 11.

acontecimentos daquela memorável noite e os da Sexta-feira Santa. Faz-se assim patente que a Santa Missa é o verdadeiro sacrifício que perpetua a Paixão de Cristo. A *primeira Missa da história* começou durante a Última Ceia e terminou com a morte de Jesus na Cruz. Enquanto celebrava a Páscoa no Cenáculo, tomou apenas três dos quatro cálices que prescrevia o rito judeu. Bebeu o quarto pouco antes de falecer: quando aceitou provar o vinho barato que lhe ofereceu um compassivo soldado[72]. Só então pôde afirmar que tudo estava consumado. O antigo pacto entre Deus e nós ficava definitivamente abolido, e Jesus transformava-se no cordeiro pascal que selava com seu sangue «a nova e eterna aliança». Na noite anterior, a fim de instituir o sacerdócio e perpetuar essa única Missa da história, disse Jesus: «Fazei isto em memória de mim». Ele mesmo assegurou que se faria presente em cada celebração, exclamando antes da Ceia: «Tenho desejado ardentemente comer convosco esta Páscoa, antes de sofrer. Pois vos digo: não tornarei a comê-la, até que ela se cumpra no Reino de Deus»[73]. Essa única Missa que começou na Quinta-feira Santa durará até a segunda vinda de Cristo. São Paulo sintetiza deste modo a doutrina eucarística: «Assim, todas as vezes que comeis desse pão e bebeis desse cálice, lembrais a morte do Senhor, até que venha»[74]. Quando este mundo acabar, já não se celebrará mais a Eucaristia. Já não haverá mais ninguém peregrinando para o o Céu, e se terá consumado a obra redentora.

---

72 Cf. Jo 19, 28-30. Ver S. Hahn, *A Father Who Keeps His Promises*, Doubleday, Nova York, 2007.
73 Lc 22, 15-16; cf. também: Mt 26, 28 e Mc 14, 25.
74 1 Cor 11, 26.

Também a Missa nos permite *presenciar* todas as dores e gozos redentores de Cristo. A consagração é como uma janela que, ao abrir-se, permite *contemplar* acontecimentos passados, presentes e futuros[75]. É como *estar* ao mesmo tempo no Gólgota e no Céu, onde Jesus «continua a oferecer-se pela humanidade»[76]. Se participarmos da Eucaristia com fé viva e amor ardente, não sairemos de nosso assombro. É certamente a coisa mais impressionante que podemos fazer nesta vida. Não é o mesmo ver como matam uma pessoa em uma obra de ficção ou na realidade. Assistir à Santa Missa não é como ver um filme; sequer se assemelha a um acontecimento retransmitido em *replay*; equivale, antes, a presenciar *ao vivo* todas as alegrias e padecimentos redentores de Cristo! Não é a mesma coisa *estar* ali com atitude distante e com sintonia afetiva. *Viver* no Coração de Jesus durante um só minuto, tempo que dura a consagração da Missa, já é toda uma experiência transformadora: nesse curto lapso de tempo morrem cerca de cem pessoas, cometem-se milhões de pecados e buscam-se inúmeras alegrias. Tudo isso repercute no Sagrado Coração.

Se temos a consciência de presenciar acontecimentos tão sublimes, ao assistir à renovação do Sacrifício redentor não adotaremos uma atitude passiva, nem acudiremos a ela com as mãos vazias. Na verdade, nos envolveremos pessoalmente: durante o ofertório, poremos na *patena,* ao lado do pão que

---

[75] Imediatamente depois da consagração, a liturgia da Igreja recorda que estamos celebrando o memorial do Mistério Pascal. Ao esmiuçá-lo, as duas orações eucarísticas mais antigas, a I e a II, mencionam a morte, a ressurreição e a ascensão de Jesus Cristo aos céus, ao passo que às duas mais recentes, na III e na IV, se acrescentam estas palavras: «esperando a sua vinda gloriosa» (*Missal romano* de 1989, pp. 532 e 543). Esta referência à Parúsia talvez reflita uma consciência progressiva por parte da Igreja de que, na Santa Missa, não «se fazem presentes» unicamente acontecimentos passados, mas também, de modo igualmente misterioso, acontecimentos futuros.
[76] *Missal romano*, Prefácio Pascal III.

se converterá em Corpo de Cristo, tudo o que fizemos para concretizar nosso afã corredentor desde a última vez em que estivemos em uma Missa. A generosidade para corresponder ao amor de Cristo é algo muito íntimo, que cada um deve estabelecer na quietude de sua oração. No fundo, trata-se da resposta ao velado convite a corredimir que Jesus nos dirige com aquelas palavras da Consagração que transformam o vinho em seu Sangue. «Tomai todos e bebei, este é o cálice do meu sangue», diz-nos a cada um em particular. Ele nos roga delicadamente que não O deixemos sozinho, que, como Maria, O ajudemos diariamente a consolar ao Pai e a salvar as almas. De fato, na cultura judaica, *beber de um cálice* significa participar ativamente do sacrifício[77].

Se respondermos positivamente a esse pedido amoroso, a Santa Missa se converterá em «centro e raiz» de nossa vida espiritual[78]: o ponto ao qual confluem todos os nossos afãs e a fonte da graça que alimenta nossa alma e nos fortalece para poder imitar a Jesus Cristo. A Missa concentra todos os nossos empenhos ao redor do que deveria ser o mais importante: aliviar os pesares do Coração de Jesus; cada vez que nos unimos ao Sacrifício do Altar, faz-se, pois, realidade o nosso maior desejo, ao mesmo tempo que se verificam em nós aquelas palavras de Jesus com as quais afirmou que, da Cruz, *atrairia* até Ele todas as coisas[79]. Por outro lado, como de uma raiz que nutre, da Eucaristia procede a força necessária para superarmos qualquer obstáculo e para transformarmos cada adversidade em ocasião de corredimir com Cristo.

---

77 Cf. 1 Cor 10, 16-33. Em Mt 20, 22, Jesus pergunta a dois apóstolos se estariam dispostos a beber do cálice que Ele iria beber.
78 *É Cristo que passa*, n. 87. Essa expressão foi recolhida em *Presbyterorum ordinis*, n. 14.
79 Cf. Jo 12, 32.

A COMPAIXÃO PELO CORAÇÃO DOLORIDO DE CRISTO

Quando esse sublime afã corredentor inspira toda a nossa luta em perfeita *unidade de vida*, o dia inteiro se transforma em uma Missa. Nossas ações, inclusive as mais insignificantes, quando unidas ao Santo Sacrifício, adquirem valor incalculável: nossas oferendas, por mais pobres que possam ser, participam da eficácia redentora da Cruz de Cristo, como essas simples gotas de água que, vertidas no vinho do cálice durante o ofertório, se transformam primeiro em vinho e, depois, durante a Consagração, em Sangue de Cristo. Nossa vida comum adquire assim uma fecundidade e uma transcendência extraordinárias: em meio às pequenas vicissitudes cotidianas, colocando amor no dever de cada instante, contribuímos para «reunir todas as coisas em Cristo»[80]. Existe algo mais grandioso do que colaborar estreitamente com a obra redentora do gênero humano, aliviando a Cruz de Nosso Senhor Jesus Cristo ao mesmo tempo que ajudamos a consolar Deus Pai e a obter a graça do Espírito Santo que torna possível a salvação de milhões de pessoas?

A união com o Sacrifício Eucarístico nos permite exercitar o *sacerdócio comum*, consequência lógica da configuração com Cristo que recebemos no Batismo[81]. Traduz-se em procurar viver com *alma sacerdotal*, uma atitude profunda que provém da identificação com os ardentes sentimentos reden-

---

[80] Ef 1, 10.
[81] Essencialmente diferente do *sacerdócio comum dos fiéis*, e não só em grau, encontra-se o *sacerdócio ministerial dos presbíteros*, capacitados pelo sacramento da Ordem a «atuar como representantes de Cristo, Cabeça da Igreja» (*Catecismo da Igreja Católica*, n. 1581), de modo especial quando Lhe emprestam sua voz ao pronunciar as palavras da consagração e da absolvição dos pecados. Nunca seremos suficientemente gratos por esse sacerdócio. Se não existisse, seria enorme o nosso empobrecimento espiritual: não poderíamos ter certeza de que nossos pecados foram perdoados, não teríamos Jesus no Sacrário e, ainda que Ele seguisse oferecendo-se igualmente ao Pai por nós, não poderíamos nem *presenciar* sacramentalmente esse Sacrifício redentor, nem *materializar* nosso aporte corredentor, nem *dispor* de seus frutos (não poderíamos aplicá-los em benefício de pessoas concretas, ou ainda receber nós mesmos a Sagrada Comunhão).

tores do Coração de Jesus e que nos estimula a transformar toda a nossa existência em ocasião de corredimir com Cristo. Portanto, este «sacerdócio santo» a que se refere São Pedro[82] não nos afasta de nossas ocupações no meio do mundo. Antes, nos leva a transformá-las em «sacrifícios espirituais, agradáveis a Deus por meditação de Jesus Cristo»[83]. Na verdade, na Santa Missa cada um de nós, ao mesmo tempo que oferece Cristo (ao Pai por todas as almas), oferece a si próprio com Ele.

A sintonia com Jesus Cristo, Sumo e Eterno Sacerdote, fomenta em nós, em igual medida, o desejo de *consolar o Pai* e de *salvar a todas almas*. Detenhamo-nos agora nesse segundo aspecto: o *zelo pelas almas*. Não é possível compartilhar os afãs do Coração de Jesus e, dia após dia, não sacrificar-se de bom grado para facilitar a salvação eterna de qualquer ser humano. Nada alegra tanto Nosso Senhor do que ver alguém, fechado até então, abrir-se a seu amor. De algum modo, como mediadores em Cristo, *representamos* cada um de nossos irmãos: somos seus *protetores* diante de Deus.

Quanto aos vivos, a alma sacerdotal nos impulsiona à ação apostólica concreta, em um *apostolado pessoal* que consiste em ajudar cada um de nossos conhecidos a se aproximar de Deus. Com o exemplo e com a palavra certeira de quem é bom amigo, faremos que saibam que vale a pena viver como cristão. Diremos a eles, em confidência, o quanto Jesus Cristo os ama e o muito que sofre quando rejeitam seu amor. Só o Senhor pode mudar os corações, mas nos envia como instrumentos seus. Quer servir-se de nós porque

---

82 1 Pe 2, 5.
83 *Ibidem.*

deste modo respeita melhor a liberdade dos *destinatários*: é mais fácil dizer não ao *mensageiro* que ao *remetente* em pessoa. Nesse zelo pelas almas, o particular convive com o universal. Por isso, em cada Missa, além de encomendar nossos familiares e amigos, devemos nos oferecer pela pessoa e intenções do Santo Padre e pela conversão de cada pecador não arrependido. De modo especial, rezamos diariamente pelos moribundos e, entre eles, por aqueles que não se salvarão se não mudarem de comportamento nesse último dia de sua vida.

***

Chega o momento de encerrar estas páginas. São Josemaria é quem mais nos ensinou acerca de nossa corredenção com Cristo por meio da Eucaristia. Estas palavras resumem bem tudo o que vimos: «Na Santa Missa encontramos a oportunidade perfeita para expiar nossos pecados e todos os pecados dos homens: para poder dizer, com São Paulo, que estamos cumprindo em nossa carne o que resta padecer a Cristo. Ninguém caminha sozinho no mundo, ninguém há de se considerar livre de uma parcela de culpa no mal que se comete sobre a terra, consequência do pecado original e também da soma de muitos pecados pessoais. Amemos o sacrifício, busquemos a expiação. Como? Unindo-nos na Santa Missa a Cristo, Sacerdote e Vítima: sempre será Ele quem carregará com o peso imponente das infidelidades das criaturas, das tuas e das minhas»[84].

---

[84] Em E. Juliá, *El santo de lo ordinário*, Cobel, Alicante, 2010, p. 149.

Se nos constrange nossa indignidade na hora de participar em tão excelso mistério, permitamos que Maria purifique as nossas ofertas. Ofereçamos tudo ao Senhor através dela. Acudamos com toda confiança à que é corredentora por excelência, para que nos ajude a associarmo-nos cada dia mais à Cruz de seu Filho. Essa antiga devoção, que alguns acostumam a recitar isoladamente durante a consagração da Missa, resume bem tudo o que aprendemos: «Pai Santo, pelo Coração Imaculado de Maria, Vos ofereço Jesus, o Vosso muito amado Filho, e me ofereço nele, com Ele e por Ele por todas as suas intenções e em nome de todas as criaturas».

   Com gratidão diante de tanta grandeza, para encerrar, cabe somente acrescentar: «Felizes os convidados para a ceia das núpcias do Cordeiro!»[85].

---
85 Ap 19, 9.

Direção geral
Renata Ferlin Sugai

Direção editorial
Hugo Langone

Produção editorial
Gabriela Haeitmann
Juliana Amato
Sérgio Ramalho

Capa & diagramação
Gabriela Haeitmann

ESTE LIVRO ACABOU DE SE IMPRIMIR
A 15 DE AGOSTO DE 2022,
EM PAPEL PÓLEN BOLD 90g/m².